LE CHEVALIER DE SAINT-REMY

DRAME EN CINQ ACTES,

Par MM. VARNER et J. DE PRÉMARAY.

Représenté pour la première fois, à Paris, sur le théâtre de la GAITÉ
le 22 Juin 1847.

Prix : 60 centimes.

PARIS,

BECK, ÉDITEUR,

RUE GIT-LE-CŒUR, 12.

TRESSE, successeur de J.-N. BARBA, Palais-Royal.

1847.

LE CHEVALIER DE SAINT-REMY,

DRAME EN CINQ ACTES ET SIX TABLEAUX,

DE MM. VARNER ET J. DE PRÉMARAY,

MUSIQUE DE M. BÉANCOURT,

Représenté pour la première fois, à Paris, sur le théâtre de la GAITÉ
le 22 Juin 1847.

PERSONNAGES.	ACTEURS.
LAMBERT (Saint-Remy)	MM. SURVILLE.
PASCAL, maître menuisier	BRÉMONT.
ANDRÉ, ouvrier menuisier.	EUGÈNE.
LE VICOMTE ARTHUR D'AUBRAY.	GOUGET.
LE DUC DE LA VRILLIÈRE.	DUBOURJAL.
BRISEMICHE, apprenti menuisier.	LESUEUR.
ANDIOL, cabaretier.	PRADIER.
RAIMBAULT, intendant de la Marquise.	CASSARD.
PREMIER NOTAIRE.	ÉDOUARD.
DEUXIEME NOTAIRE	FOURNEL.
UN SERGENT DU GUET.	DELAFOSSE.
UN EXEMPT	LAISNÉ.
PREMIER DOMESTIQUE	FONBONNE.
DEUXIÈME DOMESTIQUE.	GENET.
LA MARQUISE.	Mmes MÉLANIE.
LOUISE, fille de Pascal.	MARIE CLARISSE.
MARINETTE, femme de chambre.	LÉONTINE.
MADEMOISELLE MIRÉ, danseuse.	PAULINE.
L'HOTESSE.	WEISS.

SOLDATS DU GUET, BUVEURS, PEUPLE, LAQUAIS, DANSEUSES.

L'action se passe sous le règne de Louis XV, vers l'année 1772.

ACTE PREMIER.

PREMIER TABLEAU.

L'entrée du faubourg Saint-Antoine. A gauche, la boutique de Pascal; un établi est placé devant la porte
au dessus de laquelle on lit : PASCAL, MAITRE MENUISIER.

SCÈNE PREMIÈRE.

LE DUC DE LA VRILLIÈRE, LE VICOMTE D'AU-
BRAY, puis ANDRÉ.

LE VICOMTE *, au duc; ils arrivent par le fond.*

Non, pardieu! je ne vous lâche pas que vous
ne m'ayez dit ce que vous faisiez à pied, du côté
de la rue des Tournelles.

LE DUC, *à part.*

Diable de rencontre! *(Au vicomte).* Toujours
écervelé?

LE VICOMTE.

D'accord ; mais ma curiosité est piquée... Je
sais bien, parbleu! qu'il n'est pas étonnant de

* Le Duc, le Vicomte.

trouver M. le duc de La Vrillière rôdant aux
abords de son domaine, la Bastille !

LE DUC.

Vous y êtes!

LE VICOMTE.

Comment, j'y suis?

LE DUC.

Non, je veux dire que vous m'avez deviné.....
Surintendant des lettres de cachet, la confiance
dont m'honore Sa Majesté m'impose certaines
obligations...... je dois tout voir par moi-même, et
je descends parfois du côté des faubourgs..... en
observateur.... comme aujourd'hui..... Mais vous
ne pouvez, avec votre futilité ordinaire, monsieur
le vicomte, apprécier la gravité de mes fonctions.

1847

LE VICOMTE, *très gaîment.*

Au contraire, j'apprécie parfaitement... vos fonctions, mais c'est bien simple ! mettre les gens à l'ombre ! peupler la Bastille ; distribuer avec prodigalité ces charmants petits billets doux que vous tenez toujours à la disposition des mécontents, y compris vos amis. Vous en avez pour tout le monde ; et cela est tellement dégénéré en habitude chez vous, que c'est tout au plus si vous vous décideriez à partir pour l'autre monde sans une lettre de cachet du roi.

LE DUC.

Monsieur, une pareille plaisanterie...

LE VICOMTE.

Allons, voyons, cher duc, quittez donc avec moi cet air sévère.

LE DUC.

Il convient à la rigidité de mes mœurs.

LE VICOMTE, *étouffant un éclat de rire.*

Oh ! vos mœurs !...

LE DUC, *blessé.*

Plaît-il ?

LE VICOMTE, *s'appuyant, malgré lui, sur son épaule.*

Mon Dieu ! je sais bien qu'à la cour, on ne vous appelle que le *petit saint*..... ma digne tante elle-même vous regarde comme un cénobite.....Eh bien ! moi, monsieur le duc, à vous parler franchement, tenez, je crois que vous êtes un tartufe en talons rouges.

LE DUC.

Jeune homme !

LE VICOMTE.

Et vous pourriez fort bien connaître dans ce quartier quelque belle présidente.

LE DUC.

Jeune homme !

LE VICOMTE.

Après ça, où serait le mal !

LE DUC.

Si madame la marquise de Sauveterre entendait vos propos frivoles...

LE VICOMTE, *avec expression.*

Ma bonne tante ! Tenez, monsieur le duc, vous venez de prononcer le nom de la personne que je vénère le plus au monde..... Ah ! c'est une seconde mère pour moi.

LE DUC.

Et vous reconnaissez ses soins par mille extravagances...

LE VICOMTE.

Eh bien ! oui, je suis léger, étourdi, c'est possible..... et cependant, étrange contradiction ! mon cœur est resté neuf au milieu de ces roués dont je subis la société plutôt que je ne la recherche.

LE DUC, *étonné.*

Allons donc ! c'est à mon tour de vous dire : monsieur le vicomte, vous êtes un tartufe.

LE VICOMTE, *avec beaucoup d'abandon.*

Non, pardieu ! je vous parle avec sincérité..... Quand, par hasard, il m'arrive d'affliger ma tante, pour lui faire oublier le plus léger tort, je donnerais ma vie ! Et ces plaisirs que vous me reprochez, m'en croyez-vous bien épris ?... ces divinités de l'Olympe que l'Opéra nous offre à nous, pauvres mortels, en échange de quelques pistoles, croyez-vous qu'elles puissent toucher mon cœur ? Non, non, monsieur le duc..... et si je vous disais, car je suis plus franc que vous, si je vous disais que j'ai un amour sérieux !...

LE DUC.

Bah !

LE VICOMTE.

Très sérieux.

LE DUC.

Pas possible !

LE VICOMTE, *appuyant.*

Un amour vrai.

LE DUC.

Vous ?

LE VICOMTE.

Moi-même.

LE DUC.

C'est donc une riche héritière ? Alors, rien de mieux ; vous l'épousez.

LE VICOMTE.

Eh bien ! voilà ce qui vous trompe, je n'épouse pas.

LE DUC, *jouant l'épouvante.*

Vous voulez séduire ?

LE VICOMTE, *avec l'emportement de la passion.*

Est-ce que je sais ce que je veux !... un ange !

LE DUC.

Ce n'est pas à l'Opéra.

LE VICOMTE.

La vertu même !

LE DUC.

Ce n'est pas à la cour.

LE VICOMTE,

Vous l'avez dit, ce n'est ni à l'Opéra ni à la cour... et s'il faut enfin vous l'avouer, c'est... Eh bien, c'est une simple ouvrière en dentelle.

LE DUC, *s'oubliant.*

Est-elle jolie ?

LE VICOMTE, *riant.*

Que vous importe, puisque votre rigidité ?

LE DUC.

C'est juste... ma rigidité...

LE VICOMTE.

Ne vous empêchera pas de voir la figure la plus gracieuse, la taille la plus accomplie !.. tenez, elle demeure là, chez son père *...

LE DUC.

La fille d'un menuisier ?.. vous égarez votre

* Le Vicomte, le Duc.

coeur dans les copeaux. (*André sort de la boutique avec une planche et se met à la raboter sur l'établi.*)

LE VICOMTE.

Au fait... on peut entrer sous mille prétextes dans cette boutique... vous blâmez ma folie... je veux vous en montrer l'excuse... venez...

LE DUC.

Je ne sais si je dois...

LE VICOMTE.

Comme étude de mœurs?

LE DUC.

Allons! (*Ils vont pour entrer.*)

ANDRÉ.

Excusez, Messieurs, où allez-vous ?.. (*Il tourne brusquement sa planche qui vient donner dans les jambes du duc.*)

LE DUC, *à part.*

Butor!

LE VICOMTE.

Je veux parler à maître Pascal.

ANDRÉ.

Il n'y est pas. (*Il se remet à raboter.*)

LE VICOMTE.

Eh bien, alors, nous parlerons à sa fille.

ANDRÉ, *rabotant.*

Elle est sortie.

LE DUC.

Ah çà! il n'y a donc personne dans cette boutique!...

ANDRÉ.

Faites excuse, il y a moi. (*Il rabote.*)

LE VICOMTE, *riant.*

Mais tu es dehors.

ANDRÉ.

Pour répondre à ceux qui voudraient entrer.

LE DUC, *au vicomte.*

C'est un boule-dogue que ce gaillard-là.

LE VICOMTE, *impatienté.*

Eh! ce n'est pas à toi que nous voulons avoir affaire.

ANDRÉ.

Alors, vous repasserez un autre jour.

LE DUC.

Le maraud est d'une insolence !..

LE VICOMTE.

Qui mérite une correction... (*Levant sa canne.*) Et je vais...

LE DUC, *l'arrêtant.*

Y pensez-vous? du bruit, de l'éclat... moi qui suis ici incognito...

LE VICOMTE.

Vous avez raison... J'allais m'oublier... éloignons-nous... mais ces obstacles irritent encore ma passion... et dussé-je faire enlever violemment cette petite...

* André, le Vicomte, le Duc.

LE DUC.

Vous oseriez ?..

LE VICOMTE.

Eh! peut-être bien que non... cet amour est sérieux, je vous l'ai dit... mais j'ai, depuis quelque temps, à mon service une espèce d'intendant fort habile... il a surtout l'art de faire violence à ma délicatesse... je ne m'en plains pas toujours... c'est un de ces hommes qui ne reculent devant rien et qui ont toute leur vie cheminé entre deux potences, sans jamais y toucher. Il a de l'audace pour moi, j'ai des scrupules pour lui, ça fait compensation.

LE DUC.

Prenez garde, jeune homme !

LE VICOMTE.

Bah! je me confie à Lambert, le roi des intendants, et au hasard, le dieu des amoureux !

LE DUC.

Quel perversité !

LE VICOMTE.

Venez-vous?

Je vous suis.

LE VICOMTE, *à André.*

Au revoir, l'ami !..

ANDRÉ.

Votre très humble. (*Il se remet à raboter.*)

LE VICOMTE.

Tu diras à ton bourgeois que nous reviendrons bientôt, le plus tôt possible... ne te dérange pas.

ANDRÉ, *rabotant.*

Soyez tranquille. (*Le vicomte prend le bras du duc, ils sortent par le fond.*)

SCÈNE II.

ANDRÉ *seul.*

Ils sont partis... ce n'est pas malheureux... le vieux surtout me donnait sur les nerfs avec sa figure de chat étonné... je n'ai pas confiance dans ces mirliflors qui viennent rôder autour d'une boutique, quand, dans cette boutique, il y a un honnête ouvrier, et que cet honnête ouvrier a une jolie fille. (*Il travaille.*)

SCÈNE III.

ANDRÉ, BRISEMICHE.

BRISEMICHE, *arrivant, les mains dans les poches et fredonnant une chanson de l'époque.*

« La belle Bourbonnaise,
« La maîtresse de Blaise
« Est très mal à son aise, tra la la...

André, Brisemiche.

ANDRÉ.

D'où viens-tu, sans-cœur?

BRISEMICHE.

Tiens, André! Bonjour, André, ça va bien, André?

ANDRÉ.

Imbécille... Me diras-tu?..

BRISEMICHE.

Et! tu le sais bien, pardi!... Je viens de porter cette jalousie qu'il m'a fallu poser.

ANDRÉ, *haussant les épaules.*

Deux heures pour ça?.. Elle doit tenir.

BRISEMICHE.

Je la crois solide tout de même.

ANDRÉ.

Enfin, qu'est-ce qui t'a retardé en route?

BRISEMICHE, *chantant.*

La maîtresse de Blaise...

ANDRÉ, *le secouant par le bras.*

Je vais te faire chanter, moi!

BRISEMICHE.

Eh bien! non... ne te fâche pas... v'là la vérité!.. J'ai rencontré un cousin...

ANDRÉ.

Tu n'en as pas.

BRISEMICHE.

Il m'a dit qu'il l'était... Et je m'trouvais si joyeux de rencontrer quelqu'un de ma famille, que je lui ai offert un verre... d'eau rougie...

ANDRÉ.

C'est cela, tu as toujours soif...

BRISEMICHE.

Dame! quand on ne tète plus, il faut bien boire.

ANDRÉ.

Tiens, Brisemiche, le bourgeois te traite avec trop de douceur... et si, de temps en temps, il te donnait quelques taloches...

BRISEMICHE.

Des taloches?.. excusez!.. C'est bon pour les petits... Ce n'est pas quand on a ma taille, qu'on se laisse dégrader par des corrections enfantines.

ANDRÉ.

Qui est-ce qui peut t'entraîner au désordre? Est-ce que tu ne reçois pas ici de bons exemples?

BRISEMICHE.

Au contraire, vous êtes tous des modèles... chacun dans votre genre... Le père Pascal, est la perle des bourgeois; mamzelle Louise, la perle des jeunes filles; toi, la perle des ouvriers... Après vous trois faut tirer l'échelle... les autres sont bien forcés de rester au-dessous.

ANDRÉ.

En vérité?..

BRISEMICHE.

Je te préviens pourtant, qu'il y en a qui jabo-tent sur mamzelle Louise qui est ben un peu coquette... Il y en a qui prétendent même...

ANDRÉ.

Si tu dis un mot de plus... (*Il lève le bras pour le frapper.*)

BRISEMICHE.

Oh! v'là que ça se gâte... (*Haut, d'un ton mielleux.*) Ce bon petit André!.. ne te fâche pas!.. et dis, sans gestes, ce que tu veux de moi.

ANDRÉ.

Je veux que tu te taises et que tu travailles...

BRISEMICHE.

Accordé!.. d'autant plus que je n'ai rien à faire...

ANDRÉ.

Tu vas m'aider à assembler ce panneau.

BRISEMICHE, *à part.*

Le plus souvent que je donnerai dans celui-là!..

ANDRÉ.

Eh bien?

BRISEMICHE, *s'empressant.*

Tout de suite, mon p'tit André... Assemblons...

ANDRÉ.

Tu ne me quitteras pas que ce ne soit fini... Je veux avoir terminé avant le retour du bourgeois...

BRISEMICHE, *à part.*

Ah! nom d'un villebrequin!.. Et Lambert qui m'attend avec une bouteille débouchée... le vin va s'éventer.

ANDRÉ, *travaillant.*

Regarde, pour apprendre... voilà comme ça doit se faire...

BRISEMICHE, *regardant avec distraction.*

J'suis tout oreilles!.. (*A mi-voix.*) Mais le gosier est autre part... Moi qui lui ai promis de revenir!.. J'peux pas l'exposer à s'griser tout seul, ce n'serait pas délicat...

ANDRÉ.

Mon compas?

BRISEMICHE, *le prenant et le mettant dans sa poche, sans être vu d'André.*

Où est-il donc?

ANDRÉ.

Cherche et apporte.

BRISEMICHE, *à part.*

Il m'parle comme à un chien!.. J'vais faire comme celui de Jean de Nivelle.

ANDRÉ.

Eh! bien, voyons, ce compas?.. Je l'ai peut-être laissé dans la boutique... je vais m'en assu-rer... (*André entre un instant dans la boutique.*)

BRISEMICHE.

C'est ça! va t'en assurer... (*A part, en s'esqui-vant par le fond.*) Au revoir, mon vieux, attends-moi sous l'orme, ça te garantira du serein... (*Il disparaît.*)

SCÈNE IV.

ANDRÉ, *puis* **LOUISE** *.

ANDRÉ, *appelant avec colère.*

Brisemiche !.. Brisemiche !.. Par tous les diables !.. *(Il s'arrête interdit à la vue de Louise qui sort de la boutique.)*

LOUISE.

Qu'est-ce donc, monsieur André?

ANDRÉ.

Pardon, Mamzelle, c'est que j'appelais Brisemiche... mais le garnement s'est moqué de moi... Quelle patience !.. si je le tenais !..

LOUISE, *doucement.*

Eh bien ! eh bien !... vous vous mettez toujours en colère...

ANDRÉ.

Que voulez-vous? on ne se refait pas... Quand je vois des paresseux, eh bien ! oui, ça me donne de la colère ! parce que la paresse, c'est la misère, et la misère !.. Voyez-vous, Mamzelle, la misère conduit à tout ! Aujourd'hui on est un honnête homme, demain on peut devenir criminel ou lâche, si l'occasion se présente... *(Avec abattement et un soupir.)* Oh ! oui, ça s'est vu !

LOUISE, *remarquant son abattement.*

Mon Dieu ! qu'avez-vous?

ANDRÉ.

Rien... un souvenir d'enfance, qui, malgré moi, se réveille..... *(Il retombe dans ses réflexions).*

LOUISE.

Voilà encore que vous retombez dans votre tristesse !.. Est-ce que vous vous trouvez malheureux ?

ANDRÉ.

Malheureux ? moi ! il faudrait que je fusse bien ingrat. Qu'est-ce qu'il me manque ici, je vous le demande? vous êtes si bonne, et votre père a pour moi tant d'égards !..... M. Pascal !..... c'est ça un brave homme !... et pas un ouvrier ordinaire, oui-dà !... *(Montrant le front)* on voit qu'il y a là quelque chose... Ce n'est qu'un menuisier, je le veux bien... mais ça n'empêche pas qu'il n'est pas comme nous autres du faubourg... bons enfants, mais rudes... lui, voyez-vous, ça a des manières... ça pense, ça réfléchit... ça sait dire des mots très bien au pauvre monde.

LOUISE.

Je sais combien vous êtes dévoué à mon père, André, et je vous en remercie.

ANDRÉ.

Il n'y a pas de quoi, morbleu ! S'il le fallait, pour lui, pour vous mamzelle, je me mettrais au feu, et je ne vous donnerais que votre dû encore... Mais vous travaillez, et moi je bavarde là, au lieu de raboter mes planches... allons, à c'te besogne, fainéant ! *(Il rabote, Pascal entre).*

* Louise, André.

SCÈNE V.

LES MÊMES, PASCAL *.

PASCAL.

Courage, mes enfants ! toujours au travail !

ANDRÉ.

Dame ! la journée n'est pas encore finie.

PASCAL.

Oh ! toi, tu la commences de bonne heure et tu la finis le plus tard possible...

LOUISE, *qui s'est levée et a rangé son ouvrage, allant à Pascal.*

Bonsoir, petit père !... comme vous avez chaud ! *(Elle lui essuie le front.)*

PASCAL.

C'est que c'est aujourd'hui la fin du mois ! j'ai été chez tous ceux qui me devaient de l'argent; tous m'ont payé rubis sur l'ongle et sans rien rabattre.

ANDRÉ.

Pardine ! ils savent que vous ne demandez jamais rien de trop; il y a même de vos confrères qui vous trouvent par trop scrupuleux. On vous regarde comme le menuisier le plus habile et le plus honnête homme de tout le faubourg.

PASCAL.

Et je l'avouerai, j'en suis fier, car ce sont des titres que je ne dois qu'à moi-même. *(Louise prend le chapeau et la canne de son père et va les porter dans la maison.*

ANDRÉ.

Et les nobles ne peuvent pas en dire autant des leurs : on en hérite, ça s'achète, ou ça se donne.

PASCAL, *à sa fille.*

Dis-moi, ma bonne Louise, es-tu contente de ta journée?

LOUISE.

Oui, mon père, et j'espère que celles qui suivront seront meilleures encore. Madame la marquise de Sauveterre m'a priée de lui apporter à son hôtel un carton de mes dentelles, elle veut m'en acheter plusieurs pièces.

PASCAL.

C'est une excellente pratique.

LOUISE.

Si vous saviez quelle digne femme ! quelle bonté dans son regard !.... quelle douceur dans sa voix ! auprès d'elle j'éprouve une émotion mêlée de respect.... Son maintien est grave, et son sourire toujours mêlé de tristesse... Elle a dû connaître le malheur.

PASCAL.

Sans doute ; on dit qu'elle fait le bien sans se montrer, toujours cachée au fond de son appar-

* André, Louise, Pascal.

tement d'où elle ne sort jamais... (*A Louise*). C'est par exception que tu as été admise auprès d'elle... il faut, ma foi, qu'elle t'ait prise en grande amitié.

ANDRÉ.

Ce n'est pas étonnant, mamzelle Louise a une figure qui prévient tout de suite en sa faveur.

PASCAL, *à Louise.*

Je suis assez de son avis... Allons, je vois que nous avons bien fait de quitter l'Allemagne pour venir nous établir en France. Tout nous y réussit... (*A André*). Il n'est venu personne en mon absence? (*La nuit arrive par degrés.*)

ANDRÉ.

Si... un jeune seigneur... et un autre qui faisait le jeune, mais qui ne l'était pas... Ils voulaient absolument vous parler.

PASCAL.

A moi?

ANDRÉ.

Ou à mamzelle Louise.

LOUISE.

Tiens! qu'est-ce qu'ils me voulaient?

ANDRÉ.

Je n'en sais rien... Je les ai renvoyés...

LOUISE.

Sans m'avoir appelée?...

PASCAL.

Il a bien fait. Si c'est pour affaire de menuiserie, ça ne te regarde pas, et si c'est pour autre chose... eh bien! ça te regarde encore moins.

LOUISE.

C'est bien... je ne savais pas, mon père.....

PASCAL.

Dites-moi, le jour baisse, il faut songer à souper.

LOUISE.

Tout sera bientôt prêt...

ANDRÉ.

Je vais vous aider à dresser la table.

PASCAL.

Il me semble que c'est l'affaire de Brisemiche... Où est-il donc?

ANDRÉ.

Je l'ignore... il n'a paru qu'un instant dans la soirée... Nous allons tâcher de nous passer de lui... (*Il rentre dans la boutique avec Louise.*)

PASCAL.

Mais lui ne peut pas se passer de souper, il faut qu'il se retrouve. (*Appelant*). Brisemiche! ohé, Brisemiche!

* André, Pascal, Louise.

SCÈNE VI.

PASCAL, BRISEMICHE, puis ANDRÉ *.

BRISEMICHE, *il est gris.*

Voilà! voilà!... je me rends à mon poste directement... (*Il décrit en marchant plusieurs demi-cercles*).

PASCAL.

Il y paraît... Dans quel état, bon Dieu! il a...

BRISEMICHE, *manquant de tomber.*

C'est singulier comme le pavé est glissant, ce soir!

PASCAL.

Malheureux, tu peux à peine te soutenir.

BRISEMICHE.

J'vais vous expliquer... d'où ça vient. J'avais chaud... Je me suis rafraîchi... et à force de me rafraîchir... il m'est tombé une fraîcheur dans les jambes... Voyez-vous, Mamzelle...

PASCAL, *allant à la table qui est à gauche* **.

Je suis bien bon de l'écouter... c'est ainsi que tu profites de mon absence pour aller au cabaret!

BRISEMICHE.

J'peux pas y aller pendant que vous êtes là..

PASCAL.

Paresseux et ivrogne... à ton âge!... cela promet! ... (*Il retombe dans ses...*)

BRISEMICHE.

Je me rattraperai... en ne buvant plus que de l'eau... quand j'aurai cinquante ans... mais puisque je suis à mon aurore... je veux la colorer avec du rouge à quinze...

PASCAL.

Oui-dà... Ce n'est pas chez moi que tu continueras ton apprentissage et tes désordres. Je les ai trop longtemps soufferts...

BRISEMICHE.

Ah ben!... eh ben!... Ne semblerait-il pas que vous avez toujours été un Caton?..

PASCAL, *troublé.*

Que veux-tu dire?

BRISEMICHE.

Qu'on a des nouvelles de votre jeunesse, par des manières... ça pense, ça réfléchit... ça...

PASCAL, *toujours troublé.*

Parle!.., je veux savoir...

BRISEMICHE.

Pardine! vous avez fait comme les autres, et maintenant, vous faites de la morale..... allons donc!.. j'en userai plus tard...

PASCAL, *avec émotion.*

On t'a tenu, sur mon compte, des propos qu'il faut que je connaisse.

* Brisemiche, Pascal.
** Pascal, Brisemiche.

BRISEMICHE.

J'ai mal à la tête... nous reparlerons de ça une
autre fois...

PASCAL.

Explique-toi tout de suite, ou je te chasse!

BRISEMICHE, *avec dignité.*

Vous ne me chasserez pas!.. Je donne ma dé-
mission tout de suite.

PASCAL, *remontant vers la boutique.*

Comme tu voudras.

BRISEMICHE, *sur le devant du théâtre.*

Je suis las de raboter et de scier des planches...
assez de scie comme ça... J'irai à la campagne
trouver mon oncle, mon oncle qui est suisse de
son état, car il est né dans la rue Mouffetard.....
Mais suisse, ça se dit quand on est concierge....
Puisqu'on me met à la porte, je serai suisse.

PASCAL, *à André, avec lequel il redescend le
théâtre.*

Il ne peut pas se soutenir, reconduis-le à sa
mansarde où tu l'enfermeras.

ANDRÉ, *entrant.*

Oui, bourgeois.

PASCAL

Et, surtout, ne lui laisse pas de lumière.

BRISEMICHE.

J'en ai pas besoin... j'ai devant les yeux trente-
six chandelles.

(Il disparaît soutenu par André.)

~~~~~~~~~~~~~~~~~~~~~~~~~~~~~~~~~~~~~~~

SCÈNE VII.

PASCAL, *seul.*

Je n'ai pas d'abord été maître de mon trouble...
J'ai frissonné... Mais j'avais tort de m'alarmer de
quelques paroles échappées à cet ivrogne... propos de cabaret ; comme on en débite toujours
aux ouvriers sur le compte des maîtres..... Il ne
sait rien... Eloignons toute crainte, et jouissons
avec sécurité, auprès de ma fille, de l'existence
modeste mais paisible qui m'est assurée par mon
travail.

*(Il va pour entrer dans la boutique, lorsqu'un
inconnu, enveloppé dans un grand manteau
qui lui cache une partie du visage, s'appro-*

che de lui. Pascal, étonné, se retourne. — Musique jusqu'à la fin.)*

~~~~~~~~~~~~~~~~~~~~~~~~~~~~~~~~~~~~~~~

SCENE VIII.

PASCAL, L'INCONNU.

L'INCONNU.

Deux mots!

PASCAL.

A moi?

L'INCONNU.

A vous.

PASCAL.

Vous vous trompez!

L'INCONNU.

Non!

PASCAL.

Que demandez-vous?

L'INCONNU.

Lisez ce billet.

PASCAL.

Mais encore...

L'INCONNU, *avec un geste impératif.*

Lisez!

PASCAL.

Voilà qui est étrange!... (*Après avoir jeté les
yeux sur le billet.*) O ciel! (*Lisant d'une voix
tremblante.*) « Je vous attends, à minuit, au ca-
« baret de l'*Epée-de-Bois*, rue du Lion-St-Paul. »

« le comte de LORMES. »

(*Épouvanté.*) Le comte de Lormes!... Mais c'est
impossible!... Il y a vingt ans que la pierre glacée
du tombeau s'est refermée sur lui!... Vous vous
taisez?.. (*L'inconnu lui fait un signe de silence.*)
Quel est ce mystère qui m'épouvante?

LOUISE, *dans la coulisse.*

Mon père! mon père!... le souper est prêt et
vous attend.

PASCAL, *dans le plus grand trouble.*

J'y vais...

L'INCONNU.

Votre réponse?

PASCAL.

J'irai!...

*(Il se dirige en chancelant vers la boutique. L'in-
connu disparaît.)*

FIN DU PREMIER TABLEAU.

DEUXIÈME TABLEAU.

Le cabaret de l'*Epée-de-Bois*. — Une salle commune ; au fond la porte d'entrée ouvrant sur la rue. — Plusieurs tables entourées de buveurs. — A droite, sur le deuxième plan, une porte conduisant à d'autres salles ; sur le devant, à gauche, une table qui n'est point occupée. — Du même côté, au deuxième plan, une porte communiquant avec l'intérieur.

SCÈNE PREMIÈRE.

ANDIOL, PLUSIEURS BUVEURS ; *puis un SER-*
GENT DU GUET suivi de ses soldats.

PLUSIEURS VOIX.

Du vin ! que diable ! du vin !

(*On frappe sur les tables.*)

ANDIOL [*].

On y va ! on y va ! on ne peut pas être partout.

LE SERGENT, *à sa patrouille.*

Halte !.. rompez les rangs !...

ANDIOL, *accourt.*

Ah ! Messieurs du guet, par quel hasard !... qui
est-ce qui me procure l'honneur de votre visite ?

LE SERGENT.

Pardieu ! la réputation de ton cabaret, que nous
avons ordre de visiter. Il est le plus mal famé de
tout le quartier.

ANDIOL.

Parce qu'on a des envieux.

LE SERGENT.

On dit qu'il s'y fait toute la nuit un tapage in-
fernal, grâce au vin frelaté que tu débites...

ANDIOL.

On calomnie mon vin... des gens qui ne l'ont
pas goûté.

LE SERGENT.

A d'autres !

ANDIOL.

Tenez, je veux vous en faire juges... (*Au gar-*
çon.) Une bouteille à ces Messieurs.

LE SERGENT.

Oh ! tu auras de la peine à nous convaincre.

ANDIOL.

Deux bouteilles à ces Messieurs !

LE SERGENT.

Du reste, nous ne demandons qu'à être éclai-
rés.

(*Il boit, ainsi que plusieurs soldats.*)

ANDIOL.

Eh bien ! qu'est-ce que vous en dites ?

LE SERGENT.

Ça peut passer... (*Il tend de nouveau son verre*
et boit.) Ça passe.

PLUSIEURS SOLDATS, *de même.*

Ça passe.

[*] Andiol, le Sergent, la patrouille.

LE SERGENT, *à Andiol, après avoir épuisé les*
deux bouteilles.

Nous repasserons un autre jour.

ANDIOL.

Vous me trouverez toujours prêt à me justi-
fier.

LE SERGENT.

Nous comptons là-dessus. (*A ses soldats.*) Re-
formez... trouille !.. (*Les soldats se remettent en*
rang.)

SCÈNE II.

LES MÊMES, LA VICOMTE, (*entrant du fond.*)
puis, LE DUC [**].

LE VICOMTE, *à part.*

C'est ici que Lambert m'a donné rendez-vous.
Oh ! un détachement du guet... je reconnais le
sergent pour l'avoir rossé la nuit dernière. (*Haut.*)
Eh ! mes amis, qui vous a conduit en ces lieux ?

LE SERGENT.

La soif... de l'ordre et de la tranquillité... mais
nous avons bu... (*Se reprenant.*) Je veux dire
vu... nous sommes satisfaits et nous partons.

LE VICOMTE.

Bonne chance et bonne guerre aux tapageurs
nocturnes et aux mauvais sujets.

LE SERGENT.

Ils ont beau faire pour nous échapper, nous les
poursuivons sans relâche... avec eux le guet ne
se tient jamais pour battu.

LE VICOMTE, *à part.*

Eh bien ! il a tort.

LE SERGENT, *à sa troupe.*

En avant ! marche !

(*Pendant que les soldats s'éloignent, le duc,*
enveloppé dans son manteau, sort en trébuchant
d'une salle du cabaret.)

SCÈNE III.

LE VICOMTE, LE DUC [**].

LE DUC, *à la cantonnade.*

C'est partir trop tôt : je vous aurais donné votre revanche... (*Entrant en scène.*) Mais il n'y a
pas moyen de les retenir.

[*] Le Vicomte, le Sergent.
[**] Le Sergent, le Duc.

LE VICOMTE.

Que vois-je ? M. le duc de la Vrillière...

LE DUC, *lui montrant les derniers soldats qui disparaissent.*

Chut !.. (*A part.*) Encore lui !

LE VICOMTE.

Ah ! voilà comme vous faites vos coups à la sourdine !.. Vous me quittez, il y a quelques heures, pour vaquer à vos graves fonctions et je vous retrouve au cabaret avec de jeunes écervelés...

LE DUC.

Précisément... dans un intérêt moral.

LE VICOMTE.

Ah ! bah !..

LE DUC.

Eh ! oui, sans doute, ce sont des étourdis qui, par leurs désordres, ont exaspéré leurs familles... On sollicite contre eux des lettres de cachet... j'ai voulu prévenir le coup qui les menace... (*A part.*) Pas mal trouvé... (*Haut.*) Je suis donc venu les chercher en ce lieu, leur séjour habituel... je me suis mis à les sermoner en jouant et en trinquant avec eux.

LE VICOMTE, *ironiquement.*

Ce devait être édifiant; un sermon au cabaret !

LE DUC.

Eh ! mon dieu ! la morale n'est déplacée nulle part et rien de tel qu'un flacon de Malvoisie pour la faire passer. Nous avons bu chacun le nôtre, j'avais affaire à des cœurs endurcis : il a fallu recommencer... à la fin j'en ai triomphé... je les ai émus, je les ai attendris... j'ai pleuré... ils ont pleuré... nous avons pleuré tous; et nous nous sommes embrassés... et... ils sont partis bien décidés à suivre désormais mon exemple. (*Il fait un zig-zag.*)

LE VICOMTE, *souriant.*

C'est-à-dire à marcher de travers.

LE DUC, *se redressant.*

Jeune homme !

SCÈNE II.

LES MÊMES, LAMBERT[*].

LE VICOMTE.

Pardon, Monsieur le duc ! (*Montrant Lambert.*) C'est mon intendant... (*Allant à Lambert et à mi-voix.*) Eh bien ! as-tu réussi ? La charmante Louise ?...

LAMBERT.

Dans une heure, ce trésor de grâce et de beauté sera entre vos mains... mais je ne vous le cache pas, l'entreprise était pleine de difficultés.

[*] Lambert, le Vicomte, le Duc.

LE VICOMTE.

Ah ! mon cher Lambert, pour un pareil service, c'est trop peu de cent pistoles. (*Il lui remet sa bourse.*)

LAMBERT.

Libre à vous d'en donner deux cents... quand vous les aurez...

LE DUC, *à mi-voix, au vicomte qu'il attire.*

C'est le coquin dont vous m'avez parlé ?

LE VICOMTE.

Un homme précieux pour certaines choses.

LE DUC.

La perte des fils de famille !

LAMBERT, *à mi-voix, tirant le vicomte par le bras.*

Est-ce que vous n'allez pas vous débarrasser de ce vieux fou ?

LE VICOMTE.

Dans un instant... (*Haut, s'approchant du duc.*) Monsieur le duc, je voudrais vous demander la permission...

LE DUC, *lui prenant le bras.*

Monsieur le vicomte, ce drôle a quelque mauvaise pensée; je m'y connais... je ne vous abandonnerai pas à ses funestes conseils.

LE VICOMTE.

Y songez-vous ?

LE DUC.

Oui, morbleu ! je représente ici votre famille et la morale... je serai votre soutien. (*Il chancelle et fait un faux pas.*)

LE VICOMTE *le retient.*

Prenez garde de tomber !

LE DUC.

Je sais dans quels égarements peut entraîner une passion violente... je sais ce que c'est que l'amour !

LAMBERT, *à part.*

Il a eu le temps de l'oublier.

LE VICOMTE, *à mi-voix, au duc.*

Je vais le congédier... (*Bas, à Lambert.*) Quand auras-tu besoin de moi ?

LAMBERT, *de même.*

Pas avant une heure.

LE VICOMTE.

Bien !.. Je m'arrangerai en conséquence.

LE DUC.

Oh! n'espérez pas m'échapper ! je me cramponne à vous.

LE VICOMTE.

Tant mieux, morbleu ! nous passerons la nuit ensemble à jouer...

LE DUC.

A faire de la morale !.. arrosée d'un peu de malvoisie.

LE VICOMTE.

Sans eau !.. La morale la plus pure !

[*] Lambert, le Duc, le Vicomte.

LE DUC.

« Soit... Je veux vous convenir... Je me sens en verve d'éloquence... (*À part, en s'en allant.*) J'étais né pour faire des sermons !.. (*Il sort avec le vicomte.*)

wwwwwwwwwwwwwwwwwwwwwwwwwww

SCÈNE V.

LAMBERT, puis PASCAL.

LAMBERT, *les regardant sortir.*

Double sot !.. L'un vicomte et l'autre duc !.. voilà vraiment de quoi s'enorgueillir !.. Et moi aussi je suis noble ! Mon habit d'intendant est doublé de la défroque d'un gentilhomme ! Il ne tiendrait qu'à moi de le retourner... à quoi bon ?.. (Au milieu de la tempête, j'ai jeté à la mer mon blason et mes scrupules, pour surnager et tâcher de ressaisir quelques débris de cette fortune que les orages de ma vie ont emportée bien loin... Je me suis ruiné, il faut maintenant que je ruine les autres à mon profit. Je tourne au capitaliste. Je veux faire argent de tout. Je vendrais jusqu'à ma noblesse, si on voulait me l'acheter... mais je ne trouve pas à m'en défaire ; peut-être qu'un jour j'en aurai le placement... (*Il réfléchit.*) En attendant, occupons-nous, ce soir, de gagner la somme qui m'est promise. Ah ! de cette fenêtre je pourrai peut-être voir.

PASCAL, *pâle, défait, entrant avec précaution et allant à la table de droite.*

C'est bien ici... Je ne puis maîtriser mon trouble... J'aurais dû, peut-être, ne pas me rendre à cette étrange invitation... Mais une curiosité invincible, plus forte encore que mes craintes m'entraîne malgré moi... (*Il s'appuie contre une chaise pour se soutenir.*)

LAMBERT, *à une fenêtre.*

Très-bien, je viens d'apercevoir dans l'ombre, la voiture du vicomte, qui se dirige vers la petite ruelle où elle doit nous attendre !.. Hein ! Pascal.

PASCAL, *à part.*

Allons, pas de faiblesse... Remettons-nous, et soyons prêt à l'épreuve qu'on nous ménage, quoi qu'il puisse en advenir. (*Il s'avance avec précaution et regarde dans la salle qui est à gauche.*)

LAMBERT, *s'approche, à pas de loup, de Pascal, et lui frappe sur l'épaule.*

Oh ! oh !

PASCAL, *se retournant avec frayeur.*

Hein ?

LAMBERT.

Vous cherchez quelqu'un, à ce que je vois.

* Lambert, Pascal.

** Pascal, Lambert.

PASCAL.

Oui... Je croyais trouver ici un marchand de meubles de ma connaissance.

LAMBERT.

Du tout... Vous êtes amené par une lettre du comte de Lormes.

PASCAL, *avec une émotion qu'il cherche à cacher.*

Du comte de Lormes ?

LAMBERT.

Vous avez frémi en prononçant ce nom !

PASCAL, *troublé.*

Moi ?

LAMBERT.

Rassurez-vous... Le comte est bien mort et les morts ne reviennent pas... ils restent où ils sont.. probablement qu'ils s'y trouvent bien.

PASCAL.

Monsieur...

LAMBERT.

Mais le comte m'a dépêché vers vous à sa place, moi, son parent, l'ancien compagnon de ses folies...

PASCAL.

Vous vous trompez sans doute et je ne comprends pas comment moi, pauvre artisan, simple menuisier...

LAMBERT.

Je vais alors m'expliquer plus clairement.

PASCAL.

Voyons.

LAMBERT.

Tu n'es pas sans avoir entendu parler du baron de Brévannes ?

PASCAL, *ayant l'air de chercher.*

Du baron ?

LAMBERT.

Oui... Un noble, un gentilhomme qui appartenait à une famille illustre.

PASCAL.

C'est possible.

LAMBERT.

Il avait voulu, comme tous ceux de sa caste, ceindre l'épée, avoir une compagnie... et la première fois qu'il se trouve devant l'ennemi, ce brillant officier se trouble, pâlit et se sauve comme un lâche...

PASCAL, *vivement.*

Vous en avez menti !

LAMBERT.

Allons donc, baron !.. toujours le même... emporté, violent, incapable de supporter une insulte... C'est bien toi...

PASCAL, *avec regret.*

Je me suis trahi !

LAMBERT.

Qu'importe ?.. je t'avais reconnu... Je voulais voir seulement jusqu'où tu soutiendrais ton rôle d'artisan... (*Changeant de ton.*) Si nous nous mettions à table ?

LAMBERT, *à mi-voix (montrant Pascal).*

Merci *.

LAMBERT, *d'une voix retentissante.*

Garçon ! deux bouteilles, et du meilleur !

PASCAL.

Je ne bois jamais...

LAMBERT.

Allons donc ! vous oubliez que vous êtes menuisier.

PASCAL.

Permettez-moi de vous répéter...

LAMBERT.

Ce sont là des manières de gentilhomme... Est-ce que j'aurais ici M. le baron de Brévannes ?

PASCAL, *effrayé.*

De grâce, ne répétez pas ce nom !

LAMBERT.

Alors, soyez tout bonnement l'ouvrier Pascal, et venez trinquer avec Lambert.

PASCAL, *avec abattement et d'une voix éteinte.*

Soit... (*Ils se mettent à table. A part.*) Cet homme me fait peur.

LAMBERT, *s'asseyant **.*

Comme vous êtes pâle !.. buvez un coup, ça vous remettra... Ne craignez rien... le baron de Brévannes n'existe plus..... il est mort depuis vingt ans.... ou il doit l'être, puisqu'un arrêt du parlement l'a condamné par contumace, comme meurtrier du comte de Lormes.

PASCAL, *se levant.*

Je sais qu'il n'est point coupable !

LAMBERT.

Ce sont là de ces distinctions subtiles et superflues... la justice a prononcé, elle l'a condamné, et quand la justice se trompe elle a encore raison ; pour le prouver, elle le ferait prendre, si elle le retrouvait.

PASCAL, *se rasseyant.*

Votre intention serait-elle de me livrer ?

LAMBERT.

Fi donc ! un ancien ami !... nous causons, nous faisons de l'histoire. Mais, il faut bien le reconnaître, toutes les apparences étaient contre le baron... amant de la femme, il avait intérêt à se débarrasser du mari... c'est tout simple !

PASCAL.

C'est une affreuse calomnie.

LAMBERT.

Tu dois le dire, et je le croirai, si tu le veux... je sais d'ailleurs qu'il est des circonstances qui expliquent... qui excusent jusqu'à un certain point une telle vengeance... Le baron avait aimé la comtesse avant qu'elle fût à un autre, et la jeune fille le payait du plus tendre retour ; mais le père, homme dur, inflexible, avait surpris leur secret... furieux, il se refusa à un mariage qui

* Lambert, Pascal.
** Pascal, Lambert.

pouvait encore réparer une faute irréparable ; il eut recours aux plus horribles menaces, aux plus coupables violences, pour forcer sa fille à devenir l'épouse du comte de Lormes... gentilhomme fort peu recommandable, de mœurs très équivoques, d'une probité plus que douteuse... (c'était mon cousin) et dont tout le mérite était une grande fortune qu'il avait escroquée au jeu.

PASCAL.

Oui, l'infortunée Marie de Savigny dut plier devant la cruelle tyrannie d'un père, refouler dans son cœur une passion qu'elle ne pouvait plus en arracher, et accepter un mari qui ne lui apportait que de dédain, les mauvais traitements, la honte et les larmes.

LAMBERT.

D'accord ; un mari exécrable, odieux... mais, s'il était permis de tuer tous les mauvais maris, où irions-nous ?... Ce serait un massacre général (*Versant un verre de vin à Pascal.*) Buvons à leur santé !..

PASCAL.

Je n'ai pas soif.

LAMBERT.

On boit tout de même, cela distrait... cela chasse les idées noires. (*Pascal porte le verre à ses lèvres, puis il jette le vin dans la cheminée.*) Mets-toi à la place des juges... En conscience, pouvaient-ils prononcer autrement ?.. Le comte de Lormes, devenu jaloux, avait juré que si l'amant osait reparaître près des lieux habités par sa femme, il le tuerait... On n'entend plus parler du baron pendant plusieurs mois... puis, un soir, il reparaît tout-à-coup ; en l'absence du mari... Il est aperçu dans les environs du château... et c'est le lendemain, que le mari, prévenu sans doute et revenant de grand matin pour se venger, trouve la mort dans un chemin détourné... Que diable !.. c'était clair... on ne pouvait se méprendre sur la main qui avait frappé... Aussi le baron s'est contenté de fuir, il s'est laissé condamner sans souffler mot !

PASCAL.

Ah ! s'il avait pu parler !...

LAMBERT.

Il a préféré se taire... c'était de la prudence, et à sa place j'en aurais fait autant... La comtesse, de son côté, effrayée de ce scandaleux procès, n'osant plus se montrer dans le monde, est allée se faire oublier au fond d'un cloître dans l'Amérique espagnole, et, au bout de quelques années, on a appris qu'elle y était morte... C'est ce qu'elle pouvait faire de mieux.

PASCAL.

Pauvre femme ! si bonne ! si belle !.. enlevée si-tôt à ceux qui l'aimaient !

LAMBERT, *lui versant à boire.*

Allons, allons, il faut noyer la douleur... à ta santé.

PASCAL, *à part.*

Ah ça ! il tient terriblement à me faire boire... (*Il jette, sans que Lambert s'en aperçoive, le vin qui était dans son verre.*)

LAMBERT.

On doit être philosophe et tu l'es... Quant à la comtesse, je vois que, depuis longtemps, ton cœur avait pris son parti sur cet amour... Il n'est pas de flamme éternelle, et un exilé a besoin de consolations.

PASCAL.

Que veux-tu dire?

LAMBERT.

Dame!.. tu as une fille... Il est donc probable que tu t'es marié...

PASCAL, *avec embarras.*

En effet... j'avais épousé, en Allemagne...

LAMBERT, *d'un ton ironique.*

La nièce d'un charpentier ou la veuve d'un tailleur!

PASCAL, *brusquement.*

Peu importe... puisque je suis veuf.

LAMBERT.

Diable!.. il paraît que tu as la main malheureuse!.. (*Elevant son verre.*) Au souvenir de la défunte!

PASCAL.

Ah ça! maintenant, me sera-t-il permis de t'interroger?.. Je serais curieux de savoir pourquoi tu t'es jeté sur ma route, pourquoi tu m'as attiré en ces lieux?.. Qu'attends-tu de moi? Que me veux-tu?.. Quel est le motif secret qui te fait agir?

LAMBERT.

D'abord, le plaisir de retrouver un ancien ami.

PASCAL.

Ce n'est pas ça.

LAMBERT.

Et, puis, l'espoir que nous pourrons nous être utiles. Le même destin nous rapproche, nous sommes deux astres éclipsés, deux gentilshommes déchus et tombés bien bas... Aidons-nous à remonter... donnons-nous la main... faisons-nous la courte-échelle... Voilà ce que j'ai voulu te proposer.

PASCAL, *à part.*

Je n'en crois rien.

SCÈNE VI.

LES MÊMES, LE VICOMTE [*].

LE VICOMTE, *tenant un papier et riant aux éclats.*

Victoire! j'ai laissé le duc sous la table où il s'est endormi au milieu de ses discours édifiants...

[*] Pascal, Lambert, le Vicomte.

LAMBERT, *à mi-voix, et lui montrant Pascal.*

Chut!.. le père!

LE VICOMTE.

Oh!... (*Il prend un maintien réservé.*)

LAMBERT, *bas.*

Je voulais le griser... mais c'est impossible... Cet homme-là avalerait, sans broncher, le tonneau des Danaïdes... Je ne ne puis plus m'en dépêtrer...

LE VICOMTE.

Diable!..

LAMBERT.

Il ne me faudrait que dix minutes pour enlever la belle et la conduire jusqu'à votre voiture... Tâchez de l'occuper pour qu'il ne me suive pas.

LE VICOMTE.

Oui... mais que lui dire?

LAMBERT.

Faites-lui une commande de menuiserie...

LE VICOMTE.

C'est juste !

LAMBERT, *à Pascal.*

Lève-toi!.. mon maître veut te parler.

PASCAL.

A moi?

LAMBERT.

Oui, pour des choses de ton état.

PASCAL.

Ce n'est pas le moment, ce me semble.

LAMBERT, *à mi-voix.*

Au contraire... le moment est favorable... Je t'ai recommandé... comme je te l'avais promis.

PASCAL.

Ah!..

LAMBERT, *bas au vicomte.*

Au bout de la ruelle, dans dix minutes.

LE VICOMTE, *à mi-voix.*

C'est convenu. (*Lambert fait signe de la main à Pascal de s'approcher, puis gagne petit-à-petit la porte, et disparaît tout-à-coup.*)

SCÈNE VII.

LE VICOMTE, PASCAL [*].

LE VICOMTE.

Monsieur Pascal, j'ai entendu dire tant de bien de vous, que je désirais depuis longtemps vous employer... et je suis charmé qu'il se présente une occasion...

PASCAL.

Vous êtes trop bon, monsieur le vicomte.

LE VICOMTE.

Ça n'est pas pour vous flatter... mais on m'assure qu'il n'y a pas, dans tout le faubourg St-Antoine, un menuisier qui puisse vous être com-

[*] Pascal, le Vicomte.

paré pour l'adresse, l'intelligence, la probité, le désintéressement... c'est le cri général.

PASCAL.

Monsieur...

LE VICOMTE, *à part, regardant sa montre qu'il tient dans le creux de sa main*.

Deux minutes d'éloges, c'est assez... passons à autre chose... Que diable vais-je lui commander?

PASCAL.

J'attends... que désirez-vous de mon ministère?

LE VICOMTE, *embarrassé*.

Je vais vous le dire... (*A part, regardant à sa montre.*) Encore six minutes!.. comme l'aiguille tourne lentement!..

PASCAL.

Il est peut-être un peu tard... si vous vouliez remettre à demain...

LE VICOMTE.

Non... c'est très pressé... voilà... je ne lis jamais, je n'ai pas le temps... mais j'aime beaucoup les livres... bien reliés... ça orne... ça fait bien...

PASCAL.

Oui... je conçois...

LE VICOMTE, *lui prenant le bras*.

Écoutez-moi bien... Je voudrais faire établir une belle bibliothèque... vous ne m'écoutez pas... une bibliothèque qui tiendrait tout un côté de mon cabinet, dix pieds de haut sur quatorze de large.

PASCAL, *distrait*.

C'est beaucoup!

LE VICOMTE, *le retenant toujours*.

Le tout en bois de chêne élégamment travaillé, avec les ornements d'usage, vous savez... Je m'en rapporterai à votre goût... mais je voudrais savoir ce que ça coûterait...

PASCAL, *cherchant à s'échapper*.

Je ne puis pas trop vous dire...

LE VICOMTE.

Je ne vous laisse point partir que vous ne m'en ayez donné l'aperçu...

PASCAL.

Au surplus, ce sera l'affaire d'un instant.... (*Il prend un morceau de papier, un crayon, et se place à une table. A part.*) Je vais établir tant bien que mal... c'est le seul moyen de s'en débarrasser.

LE VICOMTE, *à part*.

Les dix minutes sont expirées. Louise est à moi!.. (*Il s'éloigne sur la pointe du pied et disparaît*).

PASCAL, *à part*.

Ordinairement les jeunes seigneurs n'y regardent pas de si près... mais puisque celui-là veut savoir... (*Il se lève et présente un papier au vicomte, qu'il croit toujours là*). Si vous voulez jeter les yeux sur ce calcul... (*Ne voyant plus le*

* Le Vicomte, Pascal.

vicomte). Eh bien!... où est-il donc?... parti!..... qu'est-ce que cela signifie?... (*On entend dans la rue un grand bruit. Andiol et plusieurs buveurs sortent de la salle de gauche et courent vers le fond. Cris au dehors. Arrêtez!... par ici!... par ici!... arrêtez...*

<hr>

SCÈNE VIII.

PASCAL, ANDIOL, *entrant vivement*.

PASCAL, *à Andiol*.

Que se passe-t-il donc, et pourquoi ces cris?

ANDIOL.

Ce n'est rien... c'est dans la rue... on se tue... on s'assomme!...

PASCAL.

Comment?

ANDIOL.

Oui, des voleurs ont essayé d'entrer dans une boutique du faubourg.

PASCAL.

O ciel!

ANDIOL.

Mais leur coup a manqué... quelqu'un a donné l'éveil et le guet est à leur poursuite!... (*On entend crier dans la rue : Par ici! par ici!... nous le tenons!*) Ils le tiennent!... il est arrêté!...

<hr>

SCÈNE IX.

LES MÊMES, LAMBERT, LE SERGENT, SOLDATS *
LE PEUPLE. (*Lambert entre, poursuivi par le guet qui reste dans le fond*).

LAMBERT, *au sergent et aux soldats qui l'entourent*.

Je vous dis que vous vous trompez... Je ne suis pas un voleur! je suis un intendant!

LE SERGENT.

Raison de plus.

LAMBERT.

J'appartiens au vicomte d'Aubray.

LE SERGENT.

Parce qu'il n'est pas là pour vous démentir.

ANDIOL.

Ne le lâchez pas!

LE SERGENT.

Allons!

LAMBERT.

Où voulez-vous me conduire?

LE SERGENT.

Au lieutenant de police... Il démêlera bien qui vous êtes!

LAMBERT.

Je ne veux pas qu'on m'emmène! (*Il s'échappe des mains des soldats et se trouve en face de Pascal*).

* Andiol, le Sergent, Lambert, Pascal.

PASCAL, le reconnaissant.

LAMBERT.

Ce cher Pascal !...
Tiens !...

LE SERGENT, à Pascal.

Vous connaissez cet homme ?

PASCAL, avec embarras.

Oui... je le connais.

LAMBERT.

Je crois bien !... depuis plus de vingt ans... et il
peut répondre de moi comme de lui-même... (A
Pascal). N'est-ce pas, (à mi-voix) baron ?...

PASCAL.

Oui... je réponds de lui.

LE SERGENT.

C'est différent !... le témoignage du père Pascal,
est la meilleure des garanties... (A Lambert). Pardon, excuse !... nous allons tâcher d'attraper le
vrai coquin...

SANDIOU.

Et cette fois, ne le manquez pas (Les soldats
font circuler le peuple et reforment la patrouille).

LAMBERT, à mi-voix, à Pascal.

Merci, baron... à charge de revanche...

PASCAL, à part.

Oh! cet homme-là me sera fatal !...

FIN DU PREMIER ACTE.

****

ACTE DEUXIÈME.

Un riche salon à l'hôtel de Sauveterre. — Porte à droite et à gauche. — A droite, une table et ce qu'il faut pour écrire.

SCÈNE PREMIÈRE.

LE VICOMTE, LAMBERT.

LE VICOMTE, à la cantonnade.

Au revoir, monsieur le duc... Pardon si je ne
vous reconduis pas... une affaire pressée... (Des-
cendant la scène en riant.) Ah! ah! ah! vieil hypocrite va! il sort de chez ma pauvre tante qui
aura cru, comme de coutume, à ses dehors de
morale !... Ah bien! oui... je sais à quoi m'en tenir
sur sa moralité... Ce qu'il y a de charmant c'est
qu'il ne paraît nullement se souvenir de la scène
d'hier à l'Epée-de-Bois... je me serais bien gardé
de la lui rappeler; on ne sait pas ce qui peut arriver....

LAMBERT, entrant par la porte secrète.

Très bien... le ressort de la porte joue à merveille...

LE VICOMTE.

Ah !.... que fais-tu là?

LAMBERT.

J'étudie les localités pour la revanche que nous
avons à prendre, car hier soir nous avons éprouvé
un échec.

LE VICOMTE.

Tu l'as dit, un échec dont mon cœur souffre
encore!

LAMBERT.

Ne m'en parlez pas!... un plan si bien combiné,
dont le succès était infaillible !... le hasard est
quelquefois bien stupide !... Au moment où je
pénétrais tranquillement et sans bruit dans la

maison, un butor qui passait par là, se met à crier
de toutes ses forces : au voleur ! au secours ! au
voleur !... Au risque de réveiller tout le quartier.

LE VICOMTE.

Ne serait-ce pas cet ouvrier auquel j'avais parlé
le matin ?

LAMBERT.

Je ne l'ai, ma foi, pas regardé !... je me suis mis à
courir à toutes jambes; on m'a poursuivi... je suis
tombé dans les griffes du guet... et si Pascal ne
s'était trouvé là pour me cautionner de sa personne, j'allais coucher en prison...

LE VICOMTE.

Sans compter que j'aurais peut-être eu de la
peine à t'en tirer...

LAMBERT.

Corbleu ! je suis piqué au jeu !... la journée ne
se passera pas sans que tout soit réparé... et c'est
votre tante qui nous y aidera.

LE VICOMTE.

Ma tante ?

LAMBERT.

Sans s'en douter, sans le savoir... Louise est,
comme vous le savez, son ouvrière en dentelles,
pour qu'on la fît appeler ici il fallait un prétexte...
je me suis entendu avec une des femmes de votre
tante, avec Marinette, une gaillarde très éveillée,
qui annonce les dispositions les plus heureuses...
les manchettes de la marquise ont été secrètement
déchirées par elle... Louise est donc mandée pour
venir les prendre et les rétablir dans leur état
primitif... Vous serez là, quand elle viendra...
avec votre jeunesse, votre éloquence, votre
amour, il vous sera facile de triompher d'une
résistance qui n'aura lieu que pour la forme....

* Lambert, le Vicomte.

LE VICOMTE.

Je n'en suis pas convaincu comme toi.

LAMBERT.

Bah! une vertu qui travaille dans la dentelle, c'est bien fragile... c'est sujet aux accrocs... au surplus, si l'on fait des façons, vous pourrez recourir aux grands moyens. Cet hôtel est situé à l'extrémité du faubourg; vous avez un escalier dérobé pour en sortir; vos chevaux se sont reposés toute la nuit; avant demain vous pouvez avoir fait dix lieues..., et, en chaise de poste, le sentiment va si vite que la vertu reste bientôt en route.

LE VICOMTE.

Nous n'irons pas si loin.

LAMBERT.

Comment cela?

LE VICOMTE.

Hier, à l'*Epée-de-Bois*, le duc a laissé tomber de sa poche un papier qu'il adresse au Suisse de sa petite maison de Conflans.

LAMBERT.

Ah!... il a une petite maison!....

LE VICOMTE.

J'en rougis pour lui... Il veut que l'on reçoive avec des égards et sans mot dire les personnes qu'il y enverra. Parbleu, il serait drôle de supplanter M. le duc dans le réduit mystérieux où il cache si bien ses fredaines. Ma foi, c'est une idée, et si Louise... mais prends bien garde que ma tante...

LAMBERT.

Est-ce que madame la marquise peut savoir ce qui se passe dans son hôtel. Étrangère même à ses gens, toujours confinée dans son appartement dont les fenêtres sont défendues par de doubles rideaux, ou en prières dans son oratoire, elle ne transmet ses ordres que par le vieux Raimbault, son homme de confiance. Moi-même, je n'ai pas encore eu l'honneur de voir madame la marquise.

LE VICOMTE.

Fort heureusement pour nous, car ton seul aspect aurait sans doute éveillé ses soupçons.

LAMBERT, *regardant à la fenêtre*.

Eh mais! voici Louise qui traverse la cour de l'hôtel.

LE VICOMTE.

Qu'elle est jolie!... mon cœur s'élance au devant d'elle.

LAMBERT.

Un peu de patience!.. Elle sera ici dans un instant.

LE VICOMTE.

Ah! mon Dieu! son père est avec elle!

LAMBERT.

Oui, ma foi! Ces diables de pères! ils arrivent

* Le Vicomte, Lambert.

toujours quand on ne les demande pas!.. Envoyez-moi celui-là dans votre cabinet. Je lui donnerai de l'occupation afin qu'il vous laisse tranquille. *(Il sort par la porte secrète.)*

SCÈNE II.

LE VICOMTE, PASCAL, LOUISE *.

LE VICOMTE, *d'un ton dégagé*.

Eh! c'est monsieur Pascal... Palsembleu! je suis enchanté de vous voir. *(Il écoute à ...)*

LOUISE, *à part*.

C'est lui! comme mon cœur bat!

LE VICOMTE, *à Pascal*.

Franchement, je ne vous attendais pas si tôt... C'est plus que de l'exactitude.

PASCAL, *avec intention*.

Dame!.. monsieur le vicomte, vous m'avez paru si pressé!..

LE VICOMTE.

Je le suis en effet... je le disais encore tout-à l'heure... *(Changeant de ton.)* C'est à vous cette jolie fille...

PASCAL.

Mon Dieu oui!.. C'est mon bien, ma richesse, à moi, pauvre artisan.

LE VICOMTE.

Il y en a bien qui envieraient un pareil trésor! Que de grâces et de simplicité tout à la fois!...

LOUISE.

Monsieur...

PASCAL.

Vous allez la faire rougir. Elle craint les compliments.

LE VICOMTE.

Mademoiselle devrait cependant y être habituée...

PASCAL.

Oh! vous ne la connaissez pas, elle est aussi modeste que laborieuse... C'est une digne enfant, qui mérite tout l'intérêt que lui porte madame la marquise de Sauveterre... qu'elle croyait rencontrer ici!

LOUISE.

Oui!.. elle m'a fait appeler ce matin.

LE VICOMTE.

Je le sais, je l'ai entendu dire... En ce moment ma tante est avec son chapelain...

LOUISE.

Elle en a peut-être pour longtemps?

LE VICOMTE.

Non... elle sera à vous tout-à-l'heure... On vous fera prévenir et vous pourrez entrer.

PASCAL.

Assieds-toi en attendant.

* Louise, Pascal, le Vicomte.

LE VICOMTE.

Quant à vous, monsieur Pascal, si vous voulez me suivre, je vous expliquerai ce que j'attends de votre adresse, et sur-le-champ vous pourrez vous mettre à la besogne.

PASCAL.

Je ne demande pas mieux..... A bientôt, ma Louise...

LOUISE.

Au revoir, mon père.

LE VICOMTE.

Venez-vous, monsieur Pascal?

(*Le vicomte et Pascal sortent à gauche.*)

SCÈNE III.

LOUISE, *seule.*

Je l'ai bien reconnu tout de suite ; c'est ce beau jeune homme qui passe si souvent devant notre boutique et qui regarde toujours si j'y suis... jusque-là, il n'y aurait pas grand mal..... mais il m'envoie des lettres, des déclarations.... que je ne lirai plus, maintenant que je sais à quoi m'en tenir sur ses intentions.... et s'il s'avise encore, comme l'autre fois, de me parler de son amour, je m'enfuirai sans lui répondre..... Heureusement que madame la marquise ne se doute de rien, qu'est-ce qu'elle dirait de moi... et de son neveu?..... elle qui est si sévère !..... C'est bien décidé, je m'arrangerai pour ne jamais me trouver sur le chemin du vicomte.

SCÈNE IV.

LOUISE, LE VICOMTE.

LE VICOMTE, *entrant sur la pointe du pied.*
Charmante Louise !

LOUISE, *effrayée.*
Comment, Monsieur, c'est vous? (*Elle fait un mouvement pour s'éloigner.*)

LE VICOMTE.

Ah! ne vous effrayez pas, ne me privez pas du bonheur de vous voir un instant sans témoin, de pouvoir vous répéter combien je vous aime !..

LOUISE.

De grâce, monsieur le vicomte...

LE VICOMTE, *la retenant.*

Eh! quoi! seriez-vous insensible aux maux que j'endure, à tout ce que je vous sacrifie?.. Car depuis que je vous connais, j'ai rompu avec mes amies, je fuis et la cour et les plaisirs bruyants du monde. Tout entier à la passion que vous m'avez inspiré, je ne vis que par vous, que pour vous... Vous êtes mon espoir, mon bon ange,

ma joie... seriez-vous inexorable et repousseriez-vous l'hommage de la tendresse la plus aveugle, du dévoûment le plus absolu?

LOUISE.

Avez-vous donc oublié la distance qui nous sépare et qui ne permet pas...

LE VICOMTE.

Que m'importent ces vaines lois consacrées pour l'orgueil des hommes? Mon amour se sent assez fort pour les braver, pour s'élever au-dessus des préjugés du monde, et pour briser tous les obstacles que l'on voudrait opposer à notre bonheur... Il ne doit dépendre que de nous seuls, et si vous saviez m'aimer comme je vous aime...

LOUISE, *baissant les yeux.*

Je sais, avant tout, ce que me prescrit le devoir.

LE VICOMTE.

Eh! quoi?.. vous me parlez devoir, quand je vous parle bonheur ou quand je mets à vos pieds l'amour le plus ardent, le plus sincère, vous vous défiez encore, vous vous armez de froids scrupules, comme si je pouvais survivre à l'illusion que vous essayez de détruire... Ah! vous ne m'avez donc jamais aimé !...

LOUISE.

Je n'ai point à m'expliquer sur mes sentiments... mais, quels qu'ils puissent être, ils ne me feraient jamais trahir ce que je me dois à moi-même..... C'est vous dire assez, monsieur le vicomte, que je ne puis écouter davantage...

LE VICOMTE.

Louise, par pitié !..

LOUISE.

Non, monsieur... J'étais venue pour obéir aux ordres de votre tante et puisqu'elle n'est point ici...

LE VICOMTE.

Eh bien ! souffrez que je vous conduise près d'elle... Oh! soyez tranquille !.. je renfermerai dans mon cœur cet amour qui vous offense ! je me tairai.

LOUISE.

Merci, monsieur le vicomte... Veuillez seulement m'indiquer où je trouverai madame la marquise.

LE VICOMTE, *ouvrant la porte secrète.*

Ce petit escalier aboutit à son appartement. (*A part.*) Ma foi, je n'ai plus que ce moyen... Le sort en est jeté !

LOUISE, *à part.*

Grâce au ciel, j'ai pu lui cacher mon trouble ! Ah! qu'il ignore toujours...

LE VICOMTE, *haut.*

Venez, Mademoiselle, venez... (*Il entraine Louise.*)

LA MARQUISE, *paraissant au fond*.*
Restez!

~~~~~~

SCÈNE V.

LES PRÉCÉDENTS, LA MARQUISE.

LE VICOMTE.
Ma tante!

LOUISE.
Madame la marquise!

LA MARQUISE, *au vicomte.*
Laissez-nous, Arthur... j'ai à lui parler.

LE VICOMTE, *à part.*
Peste soit du contre-temps! elle qui ne sort jamais de sa chambre!.. (*Haut.*) Ma tante...

LA MARQUISE.
Laissez-nous.

LE VICOMTE, *à part.*
Ma foi, si Lambert nous tire de là, il aura du bonheur... (*Il sort.*)

~~~~~~

SCÈNE VI.

LA MARQUISE, LOUISE **.

LA MARQUISE.
Vous semblez interdite, troublée... vous craignez de lever les yeux.

LOUISE.
C'est que je crois remarquer dans vos regards une sévérité...

LA MARQUISE.
Vous vous trompez, mon enfant... vous n'y trouverez que l'expression d'un intérêt dont je vous crois digne, et que vous m'avez inspiré dès le premier instant où je vous ai vue.

LOUISE.
Madame...

LA MARQUISE.
Au nom de cette affection sincère, je vous demande de me répondre avec confiance et sans détour, comme à une amie, à une mère...

LOUISE.
Madame!... je n'ai rien à vous cacher, je le jure.

LA MARQUISE.
Bien, mon enfant!.. je reçois votre promesse que le ciel a entendue!.. Que vous disait mon neveu quand je suis entrée?

LOUISE, *baissant les yeux.*
Ce qu'il m'a dit plusieurs fois déjà... qu'il m'aimait...

* Le Vicomte, la Marquise, Louise.
** La Marquise, Louise.

LA MARQUISE.
Je m'en doute bien... et vous, Louise?

LOUISE.
Je sais que M. le vicomte ne peut être mon époux... Comment pourrais-je partager un amour qui ne m'apporterait que le déshonneur et la honte?

LA MARQUISE.
Ah! vous avez raison. (*Avec amertume.*) Une passion coupable devient toujours une source cruelle de regrets et de remords; plus de repos, plus de bonheur pour celle qui a oublié un instant ses devoirs; c'est trop peu de la vie pour expier une faute souvent involontaire... (*Revenant à elle et changeant de ton.*) Hélas! c'est ce que je me répétais en vous voyant si jeune, si belle, et exposée à tant de périls!

LOUISE.
Vous m'effrayez, Madame... est-il donc des dangers qui me menacent à mon insu?

LA MARQUISE.
Oui, mon enfant... je connais mon neveu... la nature ne l'a pas fait méchant; mais elle lui a donné un caractère léger et des passions violentes; perverti par les maximes et l'exemple des seigneurs qu'il fréquente, la vertu d'une femme n'est à ses yeux qu'un préjugé, presqu'un ridicule; et, s'il a résolu ton déshonneur, il ne reculera devant aucun moyen pour triompher de ta résistance.

LOUISE.
C'est affreux!.. et puisqu'il en est ainsi, je n'ai plus de ménagements à garder.. je vais tout dire à mon père. (*Elle fait un pas.*)

LA MARQUISE, *l'arrêtant.*
Eh! que pourrait-il pour te défendre, lui, pauvre artisan qui n'a point de crédit, qui ne connaît personne, que ses travaux appellent sans cesse loin de sa demeure, où il est obligé de te laisser seule?.. Sa tendresse suffira-t-elle à détourner les piéges dont tes pas seront entourés?

LOUISE.
Que faire alors, mon Dieu!

LA MARQUISE.
J'y ai pensé pour toi... puisque c'est dans ma maison que le péril a pris naissance, c'est de ma maison que la protection doit venir. C'est à moi de déjouer les coupables projets de mon neveu et de te placer hautement sous ma sauvegarde.

LOUISE, *se jetant aux pieds de la marquise.*
Ah! Madame!

~~~~~~

SCÈNE VII.

LES MÊMES; LAMBERT.

LAMBERT, *entrant par la porte secrète et cachée.*
Avec qui diable cause-t-elle là?
~~~~~~

LA MARQUISE, *à Louise.*

Relève-toi, mon enfant, reprends courage et confiance... que crains-tu désormais? je serai près de toi.

LOUISE.

Que de bonté, madame la marquise !

LAMBERT, *à part.*

Ah! c'est la marquise.

LA MARQUISE.

Demain je parlerai à mon neveu... je lui dirai que je connais ses projets... j'exigerai qu'il y renonce et qu'il retourne à son régiment.

LAMBERT, *à part.*

Demain il sera trop tard.

LA MARQUISE.

Mais, en attendant, la prudence voudrait que tu fusses à la maison de ton père... le plustôt sera le mieux.

LOUISE.

Oh! oui, Madame... car ses travaux dans cet hôtel l'éloignent de moi... Je pars sur-le-champ...

LA MARQUISE.

Y penses-tu? seule, à pied... le danger serait plus grand encore...

LOUISE.

Mais alors...

LA MARQUISE.

Je vais te faire conduire en voiture...

LAMBERT, *à part.*

En voici bien d'un autre !

LOUISE.

Quoi! vous voulez?

LA MARQUISE, *lui montrant la porte à droite.*

C'est dans cette pièce que Raimbault, un serviteur qui a toute ma confiance, viendra te prendre dès que la voiture sera prête. C'est lui qui t'accompagnera, c'est convenu... viens avec moi (*Lui montrant la porte à droite*). C'est là que tu attendras qu'on vienne te chercher. (*Elle sort à droite avec Louise sur le bras de laquelle elle s'appuie*).

SCÈNE VIII.

LAMBERT, *seul.*

Quelle trahison !... quel renversement de toutes les idées! C'est la tante qui enlève à la place du neveu !... comment faire maintenant? nous sommes joués... la marquise nous a gagnés de vitesse et son messager sera ici dans un moment.

SCÈNE IX.

LAMBERT, MARINETTE *.

MARINETTE, *entrant vivement sa mante sur le bras. À la contonnade.*

* Marinette, Lambert.

Je m'en moque pas mal!... mais c'est un procédé que je méprise.

LAMBERT.

Mon Dieu ! qu'as-tu donc, Marinette?

MARINETTE.

J'ai que je suis furieuse, il faut que j'aille chercher une condition.

LAMBERT.

On te remercie?

MARINETTE.

On me congédie... sans me remercier... Je ne tiens pas à la maison... Je l'aurais quittée de moi-même... aussi je m'étais arrangée pour débuter ce soir incognito dans le corps des ballets de l'Opéra... Parmi les grâces !... mais c'est humiliant d'être chassée !

LAMBERT, *à part, frappé.*

Quelle idée !

MARINETTE.

C'est cet hypocrite de Raimbault qui me vaut ça.

LAMBERT.

Vraiment !

MARINETTE.

Il paraît que ma figure lui déplaît.

LAMBERT.

Il ne t'a jamais regardée en face.

MARINETTE.

Je crois bien... toujours les yeux baissés et les mains jointes.

LAMBERT.

C'est un sournois qui cache son jeu.

MARINETTE.

Je le croirais presque.

LAMBERT.

J'en suis sûr... Il est engagé dans une aventure mystérieuse.

MARINETTE.

Lui?

LAMBERT.

Avec une jeune fille.

MARINETTE.

Pas possible !

LAMBERT.

Une ouvrière en dentelles qui vient ici.

MARINETTE.

Et qui a l'air aussi d'une Sainte-Nitouche.

LAMBERT.

Précisément... ils vont faire hors barrière une promenade en tête-à-tête.

MARINETTE.

En vérité?... et quand cela?

LAMBERT.

Ce soir même... la voiture est en bas.

MARINETTE.

Le vieux cafard !.... j'aurais dû le supposer..... Quel plaisir j'aurais à le confondre!

LAMBERT.

Cela dépend de toi.

MARINETTE.

Comment?

LAMBERT.

Laisse-toi enlever à la place de la petite.

MARINETTE.

Et mes principes?

LAMBERT.

On enlèvera aussi les principes... qui ne courront pas de grands dangers.

MARINETTE.

Le fait est que ce serait drôle.

LAMBERT.

C'est une vengeance permise.

MARINETTE.

Et très morale.

LAMBERT.

Allons... tu consens?

MARINETTE.

Je me risque... gare le tête-à-tête... comme je vais la rabrouer!..

LAMBERT.

Seulement, n'éclate pas trop tôt... laisse-lui le temps de s'engager.

MARINETTE.

Tant que son amour sera respectueux...

LAMBERT.

Je n'en demande pas plus... Le jour baisse..... j'entends marcher... Couvre-toi de cette mante...

~~~~~~~~~~~~~~~~~~~~~~~~~~~~~~~~

SCÈNE X.

LES MÊMES, RAIMBAULT *.

RAIMBAULT, à part.

Comment? il n'y a pas encore de lumière?

MARINETTE, à part.

C'est lui!

RAIMBAULT.

Avançons avec précaution.

MARINETTE, à part.

Il craint de faire un faux pas, le tartufe!

RAIMBAULT, montrant la porte à droite.

C'est là qu'elle doit m'attendre...

MARINETTE, à part.

Oui! compte là-dessus... (Elle tousse.) Hum! hum!

RAIMBAULT.

Est-ce vous, mademoiselle Louise?

MARINETTE, à part.

Comme il fait sa petite voix câline! (Haut.) Oui.

RAIMBAULT.

Etes-vous prête?

MARINETTE.

Oui...

* Lambert, Raimbault, Marinette.

RAIMBAULT.

En ce cas, partons.

MARINETTE.

Oui...

RAIMBAULT.

Car je suis d'une impatience.

MARINETTE, à part, ironiquement.

Pauvre petit!.. je parie que le cœur lui bat!....

RAIMBAULT.

Suivez-moi... je vais vous montrer le chemin.

MARINETTE.

C'est bien!.. (En passant près de Lambert elle éclate de rire.)

LAMBERT, à mi-voix.

Silence!

MARINETTE, à Lambert.

Ce sera drôle! (Elle disparaît avec Raimbault.)

~~~~~~~~~~~~~~~~~~~~~~~~~~~~~~~~

SCÈNE XI.

LAMBERT, puis PASCAL *.

LAMBERT.

Bravo!.. la partie s'est renouée à notre avantage, à force d'adresse on parvient à dompter la fortune... (Il se dirige vers la porte de la pièce où Louise s'est réfugiée.) Nous voici maîtres du terrain. (On entend dans la coulisse Pascal qui s'écrie : Ohé! quelqu'un!) Pas encore! je n'avais pas pensé à celui-là. (Il redescend vivement le théâtre.)

PASCAL, entrant par le fond, à gauche.

Ah! ça, il n'y a donc ici personne?

LAMBERT, froidement.

Tiens! C'est toi, Pascal?

PASCAL.

Oui... j'ai terminé tout ce que je puis faire aujourd'hui, et je viens chercher ma fille.

LAMBERT.

Ah!

PASCAL.

Je suis bien aise de la ramener à la maison.

LAMBERT, ouvrant une porte à gauche.

Suis ce corridor... il te conduira à l'appartement de la marquise... C'est là que la fille doit se trouver.

PASCAL.

Merci! (Il sort.)

LAMBERT.

Il n'y a pas de quoi... (Fermant la porte à double tour.) C'est un homme à mettre sous les verroux... de peur qu'il ne s'égare... Là... je sais maintenant où je le retrouverai quand j'en aurai besoin. (Revenant vivement près de la porte opposée et frappant légèrement.) Mamzelle Louise!.. Vous savez bien... c'est... moi... (Elle ouvre la porte et sort.)

* Pascal, Lambert.

SCÈNE XII.

LAMBERT, LOUISE.

LAMBERT.

C'est de la part de madame la marquise.

LOUISE.

Oui... je vous attendais.

REMY, *l'entraînant.*

Eh! vite!... eh! vite!...

LOUISE.

Que la protection du ciel nous accompagne!

LAMBERT, *à part.*

Que le Dieu des amours nous soit en aide! (*Ils sortent tous deux par la porte secrète de l'escalier dérobé. A peine cette porte s'est-elle fermée, que l'on entend à gauche un grand bruit.*)

SCÈNE XIII.

PASCAL, *puis* UN LAQUAIS, *puis* LA MARQUISE.

PASCAL, *dans la coulisse.*

Louise!... où es-tu donc? Louise!... est-ce qu'on m'a enfermé!... je saurai briser cet obstacle.. (*Il secoue vivement la porte qui ne tarde pas à céder. Il rentre en scène en criant*) : Ma fille!... ma Louise! je veux qu'on me la rende....

UN LAQUAIS, *entrant.*

Mon Dieu! pourquoi tout ce tapage?

PASCAL, *le saisissant à la gorge.*

Dis-moi où est ma fille?

LE LAQUAIS.

Calmez-vous de grâce!

PASCAL.

Je ne me calmerai point. Je veux qu'on me la rende.

LE LAQUAIS.

Mais, Monsieur...

LA MARQUISE, *entrant.*

C'est à moi de vous rassurer. (*Un domestique a posé des flambeaux sur une table et est sorti*).

LE DOMESTIQUE, *à Pascal.*

Madame la marquise! (*Le domestique sort.*)

SCÈNE XIV.

PASCAL, LA MARQUISE *.

LA MARQUISE, *à Pascal.*

Votre fille ne court aucun danger.

PASCAL.

Pardon, Madame, si, dans ma crainte, je me suis permis... Oh! ciel!

LA MARQUISE, *reculant.*

Serait-il possible!

* Lambert, Louise.

** Pascal, la Marquise.

PASCAL.

Est-ce une illusion?

LA MARQUISE, *d'une voix étouffée.*

Sous ces traits flétris par le malheur, j'ai cru reconnaître.....

PASCAL, *d'une voix étouffée.*

La comtesse de Lormes!

LE MARQUISE, *de même.*

Le baron de Brévannes!

PASCAL, *tombant à genoux devant la marquise et saisissant ses mains qu'il couvre de baisers.*

Vous que j'ai tant pleurée!

LA MARQUISE.

Vous que je n'espérais plus revoir!

PASCAL, *se relevant.*

Mais comment se fait-il?... Quelle erreur cruelle a pu m'abuser pendant tant d'années.... car la nouvelle de votre mort était arrivée jusqu'à moi.

LA MARQUISE.

Hélas!... j'avais contribué moi-même à la répandre... à la suite des tristes évènements qui avaient flétri ma jeunesse; après la fin tragique du comte, et l'affreux arrêt qui vous a déclaré coupable, honteuse, désolée, n'osant plus lever les yeux, vouée désormais à l'abandon, à l'isolement et aux sarcasmes, je ne pus supporter le sort qui m'était réservé dans mon pays.... je partis laissant en France un nom qu'entouraient de si fâcheux souvenirs; j'allais chercher bien loin l'oubli, le repos et des regards que je pusse rencontrer sans rougir. Dix-huit années d'exil et de repentir ont expié les malheurs dont je fus la cause involontaire. Enfin quand mes yeux desséchés n'avaient plus de larmes à répandre, quand tous ceux qui pouvaient se souvenir de la comtesse de Lormes avaient disparu, échangeant ce nom funeste contre celui de marquise de Sauveterre, je suis rentrée clandestinement dans ma patrie où je voulais trouver un tombeau!

PASCAL.

Et dans ces jours de tristesse, jamais votre pensée ne s'est reportée vers moi? Ah! je le vois vous avez partagé l'erreur de mes juges, vous m'avez cru coupable d'un meurtre.

LA MARQUISE.

Non, mon ami.... je vous sais incapable d'une lâcheté.... une circonstance fatale vous aura placé sur le chemin du comte.... et forcé de vous défendre, dans un duel sans témoins... Voilà ce que j'ai cru.

PASCAL.

Détrompez-vous.... mes mains ne sont point souillées du sang de votre époux, j'en atteste le ciel...

LA MARQUISE.

Pourquoi donc alors accepter votre condamnation en silence? pourquoi ne pas avoir rejeté loin de vous la tache que l'on voulut imprimer à votre nom?.. pourquoi n'êtes vous pas venu vous écrier devant le parlement : je suis innocent!

PASCAL.

Parce qu'il aurait fallu expliquer le motif qui m'avait attiré pendant la nuit qui a précédé le meurtre, près du château que vous habitiez...... il aurait fallu mettre tout le monde dans le secret du lien mystérieux qui avait uni nos cœurs...vous exposer aux interprétations malignes d'un public sans pitié, vous faire partager la honte d'un procès scandaleux ; j'ai voulu seul en supporter le poids, et n'ai pas cru payer trop cher, au prix de mon honneur, la tranquillité d'une femme dont j'avais si cruellement troublé l'existence!

LA MARQUISE.

Ah! je vous reconnais là!... bon, généreux, sensible, toujours prêt à vous sacrifier... les hommes ont été pour vous bien injustes, et le sort bien rigoureux!

PASCAL.

Hélas! la seule faveur que je lui demandasse, c'était de vous revoir une dernière fois, de vous dire un adieu éternel..... Caché dans l'ombre, à peu de distance du château, j'attendais le moment favorable pour pénétrer jusqu'à vous sans être aperçu de votre père, dont je connaissais la haine implacable.... Le barbare! il s'était emparé de notre enfant, dont tout le monde, excepté lui, ignorait l'existence, il avait chargé un de ses serviteurs d'aller le cacher dans un de ces asiles ouverts aux pauvres créatures qui naissent dans l'abandon...

LA MARQUISE.

Quoi!.. mon père?.. que m'apprenez-vous là?.. Il m'avait dit que mon enfant était mort peu de temps après sa naissance.

PASCAL.

C'était un odieux mensonge! Heureusement j'étais là; je veillais. A force d'or je parvins à empêcher l'exécution de cet ordre cruel.

LA MARQUISE.

Et notre fille?

PASCAL.

Elle fut secrètement remise entre mes mains... C'est ce que je venais vous annoncer lorsque la mort du comte m'a forcé de m'éloigner... sans vous avoir vue.

LA MARQUISE.

Et notre fille?

PASCAL.

Je l'ai emmenée avec moi sur la terre étrangère; elle était ma seule pensée, ma seule consolation ; elle soutenait mon courage. Elle a fait de moi un artisan probe et laborieux. Élevée à l'école du malheur, elle a grandi sous mes yeux digne de toute ma tendresse... J'en suis heureux, j'en suis fier, car le ciel s'est plu à l'embellir de toutes les grâces et de toutes les vertus.

LA MARQUISE.

Elle existe?

PASCAL.

Vous la connaissez... vous l'avez vue.... c'est Louise!

LA MARQUISE.

Elle! ma fille! Oui, j'aurais dû le deviner au doux penchant qui m'entraînait vers elle, au plaisir que j'avais à la regarder, à l'entendre... Ma fille! que ce mot est doux à prononcer! Ah! j'avais tort d'accuser le ciel... mon cœur flétri n'est pas mort tout entier à la joie, puisqu'il me reste un enfant!

PASCAL.

Mais Louise était ici, tout-à-l'heure, vous ne m'avez pas encore dit...

LA MARQUISE.

Un jeune étourdi, mon neveu, passionnément épris de tant de charmes, n'ayant plus sa raison, avait formé contre Louise... des projets...

PASCAL.

Comment?

LA MARQUISE.

Ces projets, j'ai su les déjouer... j'ai voulu couvrir hautement de ma protection cette jeune fille, et ma voiture vient, d'après mes ordres, de la reconduire chez vous, où elle est en ce moment.

PASCAL.

Merci! je cours la rejoindre...

LA MARQUISE, l'arrêtant.

Oh! mais vous me la ramènerez... depuis que je sais qu'elle m'appartient, que c'est mon sang, ma vie! je suis impatiente de ressaisir mon trésor... j'ai besoin de la serrer dans mes bras... Si je ne puis tout haut la nommer ma fille, qu'au moins les battements précipités de mon cœur lui apprennent que je suis sa mère!

<hr>

SCÈNE XV.

LES MÊMES, RAIMBAULT*.

RAIMBAULT.

O ciel!... ah! mon Dieu! ah! madame la marquise!

LA MARQUISE.

C'est vous, Raimbault? déjà de retour?

RAIMBAULT.

Que tous les saints du paradis me prennent en pitié!.. Vous savez cette jeune fille que vous m'aviez chargé de conduire...

LA MARQUISE ET PASCAL.

Eh bien?

* Pascal, Raimbault, la Marquise.

RAIMBAULT.

Je suis venu la prendre ici, et l'ai fait monter en voiture sans me permettre de la regarder.

LA MARQUISE ET PASCAL.

Après?

RAIMBAULT.

Je m'étais assis en face d'elle, toujours les yeux baissés... lorsque nous approchons de la Porte-Saint-Antoine, tout-à-coup elle s'écrie... « Ah ! ça où comptes-tu donc me mener, vieux satyre?»

LA MARQUISE.

Raimbault !

RAIMBAULT.

A cette apostrophe je lève les yeux, je me rapproche d'elle... et je reçois en même-temps le plus vigoureux soufflet... C'était Marinette qui avait pris la place de l'autre.

LA MARQUISE.

Ah ! mon Dieu !

PASCAL, à *Raimbault*.

Mais Louise?

RAIMBAULT.

Hein?

PASCAL ET LA MARQUISE.

Qu'en as-tu fait?

RAIMBAULT.

Je n'entends pas... depuis ce malheureux soufflet, je suis tout-à-fait sourd.

LA MARQUISE, à *Pascal*.

Oh ! il y a eu ici une méprise, et rien de plus... il est probable que Louise sera restée dans cet hôtel, je vais m'en assurer.

PASCAL.

Peut-être aura-t-elle regagné à pied notre domicile... c'est ce que je veux savoir, et je cours...

SCENE XVI.

LES MÊMES, ANDRÉ*, *il entre d'un pas chancelant;*
il est pâle et se soutient à peine.

ANDRÉ.

C'est inutile... Louise est perdue pour vous!

* Pascal, André, la Marquise, Raimbault.

PASCAL.

Perdue !

ANDRÉ.

Elle vient d'être enlevée !

LA MARQUISE.

Ma fille !

PASCAL.

André, cela n'est pas possible, tu te trompes sans doute...

ANDRÉ.

Non, maître... tout-à-l'heure... comme je descendais la grande rue de notre faubourg, une voiture, lancée au triple galop, a passé près de moi... à la lueur d'un réverbère, j'ai aperçu une jeune fille évanouie..... C'était Louise, et auprès d'elle un jeune homme... C'était le vicomte.

LA MARQUISE.

Mon neveu !

PASCAL.

O rage !

ANDRÉ.

Je me suis jeté à la tête des chevaux pour les arrêter; mais, renversé violemment par eux, j'ai perdu connaissance, et, quand je suis revenu à moi, la voiture avait disparu.

PASCAL.

Damnation !... que faire?

LA MARQUISE, *elle sonne, quatre laquais paraissent au fond.*

On peut encore les rattraper... ne perdons pas une minute... (*Aux laquais.*) Mon neveu vient de sortir, tâchez de savoir la direction qu'il a prise, montez à cheval et hâtez-vous de le rejoindre... il faut que je le voie, que je lui parle à l'instant. Cinquante louis à celui de vous qui le ramènera... Allez !...

TOUS LES LAQUAIS.

Oui, Madame... (*Deux laquais sortent.*)

ANDRÉ, *à part, s'élançant dehors.*

Oh ! je le retrouverai, moi !

LA MARQUISE.

Mais la justice du roi nous doit protection..... Courons demander, exiger son appui... venez... venez... (*Aux domestiques.*) Chez le duc de la Vrillère ! (*Les laquais sortent. Elle entraîne Pascal. Le rideau tombe.*)

FIN DU SECOND ACTE.

****

ACTE TROISIÈME.

Une partie de parc. — A droite, un pavillon où l'on arrive par des degrés. — A gauche, le commencement d'une allée couverte. — Sur le devant, à droite, une table de pierre et deux chaises rustiques.

SCÈNE PREMIÈRE.

ANDRÉ, *s'avançant avec précaution.*

Ce doit être ici..... oui..... d'après ce que m'a dit un des domestiques du vicomte que j'ai adroitement fait parler... La voiture s'est arrêtée à Conflans, devant une maison d'assez belle apparence, dont la grille était surmontée de deux lions en pierre..... J'ai retrouvé tous les indices, et alors n'écoutant plus que mon désir de sauver la fille du patron, j'ai franchi les murs de ce parc au risque de passer pour un voleur... Maintenant, de quel côté diriger mes pas?... que faire?... persister avec courage dans cette tentative... Advienne que pourra.... Il s'agit de déjouer d'infâmes projets, de sauver une jeune fille... le ciel me doit son appui... et j'y compte... Quelqu'un!... (*Il se cache derrière un arbre*).

SCÈNE II.

ANDRÉ, BRISEMICHE, *arrivant de la droite. Ce dernier est costumé en suisse et tient une hallebarde à la main* [*].

BRISEMICHE.

Me voilà donc installé dans mes nouvelles fonctions!... me voilà suisse !... Mon oncle, qui a la goutte et ne peut plus lever le pied pour avoir trop souvent levé le coude, est enchanté de m'avoir pour le seconder... il m'a promis la survivance de sa hallebarde, et tout de suite il m'a mis au courant de la place : être là pour tirer le cordon, tourner la tête quand on passe, ne rien voir, ne rien savoir et ne rien dire; voilà tout ce que j'aurai à faire. Je ne me sens pas au-dessous de cet emploi élevé !... je regrette seulement de n'avoir pas quelques pouces de plus... Mais, après ça, je peux grandir... en me haussant sur les pointes, je rappelle suffisamment les montagnes de la Suisse, d'où je suis censé descendre ! (*Il se met à marcher*).

ANDRÉ, *à part.*

Il n'est pas possible... je connais ce garçon-là !

BRISEMICHE.

Il me fallait aussi un nom helvétique, un de ces noms qui écorchent les gosiers français... je m'en suis trouvé un fameux : Gruyer-Guérock !... Comme ça résonne ! Gruyer-Guérock..... comme ça sent le fromage et le roc !... Je suis curieux de l'entendre redire à l'écho de ce parc...(*Grossissant sa voix*). Gruyer-Guérock !

____
[*] André, Brisemiche.

ANDRÉ.

Brisemiche !

BRISEMICHE, *reculant.*

Hein?... l'écho traduit mon nom en français !.. (*S'armant de sa hallebarde*). Qui va là?

ANDRÉ.

Imbécille !

BRISEMICHE.

C'est quelqu'un qui me connaît !

ANDRÉ.

Eh ! oui, c'est André, ton camarade d'atelier, qui est trop heureux de te retrouver dans cette circonstance.

BRISEMICHE.

C'est possible... mais je suis obligé de te prier de passer ton chemin..... tu n'es pas ici à la boutique.

ANDRÉ.

Ecoute, mon ami..., j'ai eu souvent à te reprocher ta paresse, ta dissipation ; mais je ne te crois pas un mauvais cœur.

BRISEMICHE.

Aussi je ne te chasse pas, je te renvoie...

ANDRÉ.

Tu peux rendre un service signalé à une honnête famille qui est dans les larmes... on a enlevé la fille de ton bourgeois, mamzelle Louise !..

BRISEMICHE.

Ah ! bah !... quéqu'tu veux que j'y fasse ?

ANDRÉ.

Que tu m'aides à la soustraire au déshonneur, car c'est ici qu'on l'a conduite..... tu dois le savoir.....

BRISEMICHE.

Au contraire !

ANDRÉ.

Comment, tu n'étais pas là quand une voiture s'est arrêtée à la porte de la maison ?

BRISEMICHE.

Si fait ! même que j'ai tiré le cordon, et que j'ai tourné la tête.

ANDRÉ.

C'est égal... tu as dû voir...

BRISEMICHE.

Mon Dieu! non... Deux hommes sont descendus avec une femme à demi-évanouie.

ANDRÉ, *vivement.*

Une femme !

BRISEMICHE.

Mais je n'ai rien vu, rien absolument...

ANDRÉ.

Comment tu n'as rien vu? lorsqu'à l'instant même... tu...

BRISEMICHE.

Tu as mal compris et je te prie de ne pas me faire dire ce que je ne sais pas, ce que je ne dois pas savoir...

ANDRÉ.

Mon ami, au nom du ciel !..

BRISEMICHE.

Connais pas!...

ANDRÉ.

Au nom de l'humanité et de la douleur d'un père...

BRISEMICHE, se bouchant les oreilles.

Je suis sourd!... tu ne me tireras pas les vers du nez, je l'ai un peu trop long pour ça!

ANDRÉ, se fâchant.

Sais-tu que ma patience est à bout!

BRISEMICHE, croisant sa hallebarde.

Doucement... je te conseille de ne pas te fâcher... tu attirerais du monde, et tu n'en serais pas le bon marchand... toi qui es entré ici, je ne sais par quelle porte!

ANDRÉ, à part.

J'enrage!

BRISEMICHE.

Va-t'en par le même chemin, j'suis censé ne pas t'avoir vu... Rentre chez toi, ne t'mêles pas des affaires des autres et laisse-moi faire les miennes! Je vais achever ma ronde! (Il sort en courant.)

ANDRÉ.

Oh! je te forcerai bien à parler.
(Il sort du même côté que Brisemiche.)

SCÈNE III.

LE VICOMTE, LAMBERT.

LE VICOMTE.

Quels sont ces hommes?

LAMBERT.

Sans doute des gens attachés au service de cette maison.

LE VICOMTE.

C'est probable.

LAMBERT.

Eh bien ! monsieur le vicomte... la petite?

LE VICOMTE.

Elle se désole toujours.

LAMBERT.

Et vous ne l'avez point encore consolée?

LE VICOMTE.

J'ai vainement employé les prostestations les plus tendres, le langage le plus passionné... Elle ne m'a répondu que par des sanglots... j'ai voulu m'approcher d'elle... mais, s'élançant aussitôt vers la croisée, elle a juré qu'elle allait se précipiter sur les marches du perron, si je faisais un pas de plus...

Lambert, le Vicomte.

LAMBERT.

Menace vulgaire par laquelle on commence toujours, mais que jamais l'on n'exécute... Il fallait payer d'audace, on vous aurait remercié plus tard...

LE VICOMTE.

Te l'avouerai-je? à l'aspect de cette belle et pâle figure qui était inondée de pleurs, de ce désespoir dont les accents étaient si vrais, si déchirants, je n'ai pu maîtriser mon émotion, mon trouble, je me suis senti des remords!...

LAMBERT, à part.

Pauvre sot! ça veut être mauvais sujet, et ça n'a pas le courage du vice!

LE VICOMTE.

Tu me blâmes?

LAMBERT.

Non, je vous plains.

LE VICOMTE.

Je me croyais plus fort contre les larmes de cette jeune fille... Peut-être mon audace a-t-elle besoin, pour s'exciter, du bruit et des vapeurs de l'orgie... au milieu des flots du champagne qui pétille, entouré d'amis sans scrupules, qui déclarent à toutes les femmes une guerre sans merci, je deviens capable de les imiter, de les surpasser peut-être... Je deviens impitoyable!.. Mais, dans le calme de la solitude, rendu tout entier à moi-même, en présence de la beauté qui supplie et qui pleure, d'autres idées s'éveillent dans mon âme... les mauvais instincts s'en éloignent, et je me sens presque disposé...

LAMBERT, achevant sa phrase.

A être vertueux...

LE VICOMTE.

J'en rougis.

LAMBERT, avec ironie.

Au contraire, je vous en fais mon compliment.. j'ai le regret dans cette circonstance, de m'être compromis inutilement à votre service.

LE VICOMTE.

Que dis-tu?

LAMBERT.

Mais je vous aurai fourni l'occasion de faire une bonne action... c'est un dédommagement.

LE VICOMTE.

Lambert !

LAMBERT.

Allez maintenant, monsieur le vicomte, allez ouvrir la porte de sa cage à cette innocente colombe... ne la retenez pas plus longtemps... remenez-la respectueusement chez elle... et, pour cet acte de repentir et d'expiation, obtenez le pardon de votre tante...

LE VICOMTE.

Tu railles...

LAMBERT.

Non, je prédis seulement ce que vous allez fire.

(*A part.*) Mais je vous devancerai, monsieur le vicomte... c'est moi qui rendrai la liberté à Louise, je me ferai le sauveur de l'innocence,... ça peut servir dans l'occasion.

LE VICOMTE.

Eh ! mais, qu'est-ce que j'entends ?

LAMBERT.

Du monde... Ciel ! cette figure anguleuse qui se dessine à travers les arbres..... je ne me trompe pas... le duc !

LE VICOMTE.

Le duc !... Mais nous sommes chez lui ?

LAMBERT.

Par surprise !

LE VICOMTE.

Que lui dire ?

LAMBERT.

Venez... qu'il ne nous voie pas d'abord... nous aviserons...

LE VICOMTE.

Quel contre-temps !

(*Ils disparaissent par la gauche.*)

SCÈNE IV.

LE DUC, MARINETTE, *en costume de danseuse*, MADEMOISELLE MIRÉ, TROIS AUTRES DANSEUSES DE L'OPÉRA.

LE DUC.

Par ici, par ici, charmantes brebis ! qui avez bien voulu, pour me suivre, quitter un instant les bocages enfumés de l'Opéra.

(*Se retournant et prenant la main de Marinette qui baisse la tête et semble toute honteuse, il l'amène en scène par la main.*)

Vous n'osez pas avancer...

MARINETTE.

J'ai peur... je suis si timide !

LE DUC.

Pauvre agneau !

MARINETTE.

On m'a dit qu'à l'Opéra une débutante devait être timide au moins pendant trois semaines et je n'ai commencé que d'hier soir.

TOUTES, *rient.*

LE DUC.

Est-elle novice ?

MARINETTE.

Dame ! je suis une pauvre fille que des malheurs domestiques... (*A part.*) c'est le mot. (*Haut.*) ont jeté dans les chœurs de la danse....

LE DUC.

Ta place y fut toujours marquée.... dans les cœurs.... divine Amaryllis !

* Le Vicomte, Lambert.

* Deux danseuses, Mademoiselle Miré, le Duc, Marinette, une danseuse,

MARINETTE, *à part.*

Vieux fadasse, va !

LE DUC.

Et te l'avouerai-je ? Oui je te l'avouerai ! à peine t'ai-je aperçu figurant une nymphe peu vêtue dans le *Triomphe de l'amour*, que, soudain, tu es devenue, pour moi, le dénouement de ce ballet !... je me suis senti frappé là.

MARINETTE.

Apprenez, monsieur le duc, que je n'ai jamais frappé personne.

TOUTES, *riant aux éclats.*

Oh !

MADEMOISELLE MIRÉ.

Qu'est-ce que vous en dites ?

LE DUC.

Elle est charmante ! voilà la débutante que je rêve depuis dix ans.... une ignorance complète, une candeur primitive ; c'est si rare !

MARINETTE, *à part.*

Il est bête comme un chou !

LE DUC.

Aussi je suis subjugué..., incendié..... je brûle.....

MADEMOISELLE MIRÉ.

Monsieur le duc est si inflammable !

MARINETTE.

J'crois bien.... il est si sec !

LE DUC.

Et j'ai voulu, loin des regards indiscrets, sous mes ombrages solitaires, t'amener avec quelques-unes de tes compagnes, pour les prendre à témoin de mes intentions, pour te dire qu'il ne dépend que de toi de t'assurer un sort brillant.

MADEMOISELLE MIRÉ.

Est-elle heureuse !

TOUTES.

Ah ! oui !

MARINETTE.

Et qu'est-ce que vous me demandez en échange ?

TOUTES, *riant.*

Oh ! oh !

MARINETTE, *d'un air niais.*

Dame ! Je demande pour savoir.

LE DUC.

C'est juste ! elle demande pour savoir... si elle savait... mais elle ne sait pas... heureux privilége ! une danseuse qui veut s'instruire ! une nymphe du corps de ballet... le corps le plus savant de l'Europe !

MARINETTE.

Il y a si peu de temps que j'y suis.

TOUTES.

C'est juste.

MADEMOISELLE MIRÉ.

Elle n'est pas encore au pas.

LE DUC, *avec fatuité.*

Eh bien ! ma petite, il ne s'agit que de m'aimer un peu.

MARINETTE, *ouvrant de grands yeux et avec naïveté.*

Est-ce possible ?

LE DUC.

Certainement, tu ne voudrais pas me réduire au désespoir comme ce pauvre Rameau que mademoiselle Miré, ici présente, a tüé par ses rigueurs.

MARINETTE.

Ah ! bah !

MADEMOISELLE MIRÉ.

Hélas !

MARINETTE.

Il est mort d'amour ?

LE DUC.

D'amour !.. et d'un refroidissement... si bien que l'on a fait cette épitaphe au pauvre musicien : la mi ré, la mi la !

MADEMOISELLE MIRÉ.

Ça m'a servi de leçon... aussi, depuis ce moment...

MARINETTE, *à mi-voix.*

Ses rigueurs n'ont jamais tué personne...

LE DUC, *l'enlaçant dans ses bras.*

Allons, ravissante bergère... daigne partager mes transports... tu ne peux pas être inexorable...

MARINETTE, *minaudant.*

C'est que les hommes, à ce qu'on dit, sont si trompeurs !

LE DUC.

Pas moi !.. Je suis loyal, sincère... et joyeux convive...

MARINETTE.

Vraiment !

LE DUC.

J'ai fait préparer dans l'orangerie, pour toi, pour tes compagnes, un repas splendide et délicat.

MARIETTE, *à part.*

Oh ! s'il me prend par les sentiments !.. je sens déjà ma fringale...

LE DUC.

Eh bien ! petite, tu es émue ?..

MARINETTE, *mettant la main sur son estomac.*

Oui, je sens là quelque chose...

LE DUC.

C'est le cœur qui est troublé !

MARINETTE, *à mi-voix à ses compagnes.*

C'est l'estomac qui souffre.

LE DUC.

Aveu touchant et flatteur ! *(A part.)* Elle est subjuguée !.. encore une ! je suis le fléau de l'innocence !.. *(Haut à Marinette.)* Tu vas devenir l'arbitre de ma destinée.

MADEMOISELLE MIRÉ, *à mi-voix.*

Oui, pendant quinze jours !

LE DUC.

Ce cœur t'appartiendra... tu y régneras seule et sans partage.

MARINETTE.

Bien sûr ?.. C'est que je ne pourrais supporter une rivale !

LE DUC.

En vérité ?

MADEMOISELLE MIRÉ.

Est-elle vétilleuse ?

MARINETTE.

Je serais capable de me porter à quelque excès.

LE DUC.

Oui-dà, cette jalousie ne me déplaît pas, au contraire... c'est une preuve d'amour.

MARINETTE, *à part.*

Ils sont tous de même ces vieux-là... ils sont flattés quand on leur fait des scènes... C'est un moyen de les tenir.

TOUTES.

Certainement.

LE DUC.

Ainsi, voilà qui est convenu... tu acceptes mon amour et ce brillant.

MARINETTE, *prenant la bague.*

Le brillant d'abord, pour le reste, je demande cinq minutes de réflexion.

LE DUC.

C'est trop juste... On ne peut pas refuser cinq minutes à la vertu... *(A mi-voix.)* Elle est ravissante ! *(Il remonte le théâtre avec mademoiselle Miré et les autres.)*

MARINETTE, *sur le devant de la scène.*

Est-il bête ?.. Je suis toute décidée... mais il est bon que l'innocence ait l'air d'hésiter jusqu'au dernier moment, je suis sûre de mon rôle.

<hr>

SCÈNE V.

LES MÊMES, LAMBERT.

LAMBERT, *sortant d'un berceau de verdure à gauche, et appelant à mi-voix.*

Marinette ?

MARINETTE, *se retournant.*

Lambert ?.. Comment diable te trouves-tu en ces lieux ?..

LAMBERT.

Peu importe.... Je veux seulement t'avertir d'une chose... *(A mi-voix.)* On te trompe... Il y a ici une jeune fille que l'on retient enfermée malgré elle.

MARINETTE.

Pas possible ?.. Comment ? ce vieux grigou ?

LAMBERT.

Je suis sûr de mon fait... *(Lui remettant un papier.)* Voici la lettre que j'ai trouvée là-bas dans une allée du parc. *(Il la lui donne.)*

* Lambert, *près du berceau,* Marinette.

MARINETTE, *lisant.*

« Qui que vous soyez, sauvez une jeune fille
« enfermée dans cette maison où elle a été con-
« duite malgré elle et qui se trouve exposée aux
« plus indignes outrages !... » C'est affreux !

LAMBERT.

Il faut rendre cette victime à la liberté !

MARINETTE.

Je m'en charge... est-ce que M. le duc voudrait faire de son parc, un autre parc-aux-cerfs ?

LAMBERT.

Il paraît que oui.

MARINETTE.

Moi, je ne le souffrirai pas... et puisqu'il est
tombé sous ma coupe... (*Montrant le berceau.*)
Cache-toi là... tu vas voir comme je vais le sa-
bouler ! (*Lambert entre dans le berceau.*)

LE DUC, *redescendant le théâtre avec mademoiselle Miré et les autres, et s'approchant de
Marinette.*

Eh bien ! innocente colombe, avez-vous fait
vos réflexions ?

MARINETTE, *avec contrainte.*

Oui, monsieur le duc !... et...

LE DUC.

Tu ne balances plus...

MARINETTE, *de même.*

Une question seulement... Vous m'avez donné
à entendre que vous n'aimiez que moi.

LE DUC.

Je le jure.

MARINETTE.

Que j'étais ici la seule femme...

LE DUC.

Je le jure encore.

MARINETTE.

Vous le jurez ?

LE DUC.

Des deux mains... Si je pouvais oublier ce ser-
ment, je me soumets à toute ta colère.

MARINETTE.

En ce cas, traître... tiens ! (*Elle lui donne un
soufflet.*)

LE DUC.

Oh !

TOUTES.

Oh !

LE DUC.

C'est un vertige ! retenez-la ! (*Mademoiselle
Miré et les autres retiennent Marinette.*)

MARINETTE, *marchant sur lui et le faisant re-
culer.*

Vieux cafard, vieux pommadé ! tu enfermes ici
des créatures.

LE DUC.

Mais on t'a trompé, mignonne.

* Mademoiselle Miré, Marinette, le Duc.

MARINETTE.

On m'a trompé ? j'ai la preuve de ce que je
dis... et si je ne me contenais pas, j'aurais déjà mis
à découvert le genou qui se cache sous cette per-
ruque.

MADEMOISELLE MIRÉ.

Allons, chère camarade.

MARINETTE.

Laissez-moi !

LE DUC.

Ce n'est plus une brebis, c'est une lionne.

MARINETTE.

C'est qu'il y a de ces choses qui vous font sortir de votre caractère, et on a beau être la douceur même... (*Frappant du pied.*) Jour de Dieu !...
(*Remettant la lettre au duc.*) Qu'avez-vous à répondre ?...

LE DUC, *après avoir lu.*

C'est faux !

MARINETTE.

Allons donc !

LE DUC, *tendrement.*

Je te jure, petite, que c'est faux.

MARINETTE.

Vous voulez abuser de ma crédule candeur.

LE DUC.

Puisque tu ne veux pas le croire, prends cette
clé... elle ouvre toutes les portes de cette maison,
et tu pourras t'assurer par toi-même...

MARINETTE, *prenant la clé.*

C'est bien... j'y vais. (*Elle se dirige vers le berceau, remettant la clé à Lambert.*) Charge-toi de
délivrer la prisonnière.

LAMBERT, *à mi-voix.*

Ce ne sera pas long. (*Il disparaît et Marinette
rentre en scène.*)

LE DUC.

Elle est folle, parole d'honneur, folle de moi...
c'est l'amour qui lui tourne la tête. (*A Marinette.*)
Eh bien ! je vous croyais partie ?

MARINETTE.

Non, j'ai changé d'idée, j'ai réfléchi que j'é-
tais trop émotionnée et trop faible pour m'exposer à une nouvelle crise... J'ai besoin de me re-
faire... si nous nous mettions à table.

MADEMOISELLE MIRÉ.

Nous mourons de faim d'abord.

TOUTES.

Oui, oui !

LE DUC.

Vous savez où est l'orangerie ?

MARINETTE.

Nous trouverons facilement le chemin, le fu-
met du repas nous guidera... moi je sens les
truffes d'une lieue...

LE DUC.

Allez, je vous rejoindrai dans un instant...
(*A mi-voix.*) Il faut que j'interroge mon suisse au

sujet de la lettre... il me donnera peut-être le mot de cette énigme. (*Ils sortent tous, le duc par le pavillon, à droite, les autres par le fond. Lambert reparaît par le berceau, il est accompagné de Louise et d'André.*)

SCÈNE VI.

LAMBERT, ANDRÉ, LOUISE*.

ANDRÉ, *à Louise.*

Avancez avec précaution !...

LOUISE.

André !.. quel bonheur de me trouver sous votre sauve-garde !

ANDRÉ, *montrant Lambert.*

C'est à cet homme que vous devez votre délivrance.

LOUISE.

A lui !.. mais vous ne le connaissez pas... il va nous trahir encore... c'est lui qui m'avait remis aux mains du ravisseur.

ANDRÉ.

Misérable !

LAMBERT.

Je sais que l'apparence me condamne, et je dois accepter vos soupçons... Forcé par le malheur des temps d'entrer au service du vicomte que je ne connaissais point, que je connais maintenant, je me suis trouvé mêlé malgré moi... à des violences que je déplore... Le ciel n'a pas permis que vous en fussiez victime, il a exaucé mes vœux les plus chers.

LOUISE.

Un pareil langage dans votre bouche...

LAMBERT.

A droit de vous surprendre, je le sais, et cependant...

ANDRÉ, *à mi-voix à Louise.*

Il dit peut-être vrai !

LAMBERT, *à Louise.*

Souffrez que je rachète une faute involontaire par un dévouement sans bornes... et si je fus un instant un aveugle instrument à la disposition du vice, souffrez que je déserte cette cause indigne, et que je passe du côté de la vertu... (*A part.*) Il est bon d'avoir des amis partout.

LOUISE.

Il y a du courage à avouer ses torts : c'est montrer que l'on se sent capable de les réparer.

LAMBERT.

Ah ! merci, Mademoiselle !

ANDRÉ.

Au surplus, j'aurai l'œil sur lui (*A part*), et s'il bronche, je l'assomme... Nous verrons après.

---

* Lambert, Louise, André.

LOUISE, *à Lambert.*

Le service que vous m'avez rendu ne restera point sans récompense.

LAMBERT, *l'interrompant.*

Tout ce que je demande, c'est que Mademoiselle se souvienne qu'elle peut compter sur moi, comme sur le serviteur le plus fidèle...

ANDRÉ.

Nous perdons un temps précieux... Quelqu'un se dirige vers nous.

LAMBERT, *à André et à Louise.*

Suivez-moi... je veux être votre guide. (*Ils sortent tous trois par le fond à droite.*)

SCÈNE VII.

LE DUC, *ressortant du pavillon.*

C'est inouï !.. c'est incroyable ! on n'a pas idée d'une pareille légèreté !.. Le vicomte que je rencontre tout-à-l'heure dans mon parc... et il m'apprend qu'il a conduit ici la jeune ouvrière dont il est amoureux... Je lui témoigne ma surprise, et il me répond tranquillement que je l'y avais autorisé... C'est fort !... ça ne se peut pas... je ne suis pas assez absurde... même quand j'ai bu du vin de Malvoisie !... A quoi pense mon concierge ?.. c'est bien la peine d'avoir un suisse avec une hallebarde pour qu'il laisse ainsi entrer tout le monde... Je lui avais bien dit de fermer quelquefois les yeux, mais il abuse de la consigne... jamais il ne regarde. (*On entend du bruit.*) Qu'est-ce qui nous arrive encore ?

SCÈNE VIII.

PASCAL, LA MARQUISE, LE DUC*.

LA MARQUISE.

Ah ! monsieur le duc !..

LE DUC, *à part.*

La Marquise !

LA MARQUISE.

Je vous trouve enfin !..

LE DUC, *avec embarras.*

Oui... j'étais venu dans cette solitude... pour oublier un moment la ville et les affaires !..

LA MARQUISE.

Nous venons vous demander justice !

PASCAL.

Oui, justice !

LE DUC, *de même.*

Certainement... ce serait avec plaisir... si je pouvais...

---

* Pascal, la Marquise, le Duc.

LA MARQUISE.

Il s'agit de l'enlèvement d'une jeune fille...

LE DUC, *à part.*

Aïe! aïe! nous y voilà!

PASCAL.

Arrachée lâchement à son père, par le vicomte d'Aubray, votre ami...

LE DUC, *à part.*

Et il est chez moi!.. je suis compromis... (*Haut.*) Croyez, Madame...

LA MARQUISE.

J'ai su, à votre hôtel, que vous étiez à Conflans, et je suis accourue de toute la vitesse de mes chevaux.

PASCAL.

Nous avons lieu de penser que la pauvre enfant a été conduite dans ce pays.

LA MARQUISE.

Vous seul pouvez...

LE DUC.

Comment donc!.. je vais m'empresser... (*À part.*) Quelle situation!..

PASCAL.

Songez qu'il y va de l'honneur d'une pauvre fille...

LA MARQUISE.

Son père, que je protège, vous supplie, par ma voix, de tout entreprendre pour la sauver... Il en est temps encore peut-être... Mais vous ne répondez pas?..

LE DUC.

Pardonnez... le trouble... la surprise... l'émotion... je cours donner des ordres... (*A part.*) Pourvu que mes bergères ne viennent pas de ce côté... il faut que le vicomte emmène la jeune fille sur-le-champ... (*Haut.*) Soyez tranquille, madame la marquise... (*Avec exaltation.*) Et si mon crédit... mon dévouement... mon zèle!.. (*Changeant de ton.*) Veuillez attendre ici quelques secondes...

LA MARQUISE.

Oh! nous n'avons plus d'espoir qu'en vous! (*Le duc s'éloigne vivement et disparaît par le fond.*)

SCÈNE IX.

LA MARQUISE, PASCAL, *puis* LAMBERT, *qui est au fond.*

LA MARQUISE.

C'est un ami sur lequel on peut compter... Me voilà plus tranquille...

PASCAL.

Et moi, je ne le suis pas, Madame..... ce duc s'est troublé à notre aspect...

Pascal, la Marquise.

LA MARQUISE.

En effet...

PASCAL.

Et j'ai cru remarquer dans ses paroles vagues et incohérentes plus d'embarras que de bon vouloir pour nous servir.....

LA MARQUISE.

Vous me faites trembler...

LAMBERT, *paraissant à gauche, et écoutant caché derrière un massif. A part.*

Que vois-je!... Pascal et cette femme!...

PASCAL, *à la marquise.*

Au moment où il nous quittait, j'ai senti un froid mortel se glisser dans mes veines... comme si nous étions menacés d'un nouveau malheur..... Que du moins il ne frappe que moi, et qu'il épargne ma fille!.....

LA MARQUISE.

Dites notre fille, car elle m'appartient aussi!

LAMBERT, *à part.*

Qu'entends-je?

PASCAL.

Le ciel prendra pitié de sa jeunesse, il ne permettra pas qu'elle soit flétrie, déshonorée...

LA MARQUISE.

Comme sa mère!...

PASCAL, *cherchant à la calmer.*

Madame!

LA MARQUISE.

Mon Dieu! je n'ose invoquer votre clémence, car je n'ai point encore épuisé les châtiments de votre justice... Vous ne m'avez point oubliée..... et sous les traits vieillis de la marquise de Sauveterre, vos rigueurs méritées poursuivent encore la comtesse de Lormes!

LAMBERT, *à part.*

La comtesse! Quelle découverte!

PASCAL, *à la marquise.*

A quoi bon évoquer des souvenirs douloureux qui vous affligent? quand le présent est déjà si triste!... Nous avons besoin de tout notre courage!

LA MARQUISE.

Hélas! je n'en ai plus, il ne m'est resté que mon repentir et mes larmes!

PASCAL.

C'est donc à moi de veiller sur nos intérêts communs... Il faut à tout prix que je sache ce que nous devons attendre de ce duc qui vous a promis sa protection...

LA MARQUISE, *sans l'écouter.*

Pauvre Louise!... si bonne!... si douce!... si elle était perdue pour nous!...

PASCAL, *avec énergie.*

J'aurais encore un devoir à remplir... il me resterait à la venger! (*Il sort vivement par le fond.*)

SCÈNE X.

LA MARQUISE, LAMBERT

LAMBERT, *s'avançant doucement à gauche.*

De l'audace ! et pour le coup, je crois que ma fortune est faite !... *(Haut)* C'est à madame la marquise de Sauveterre que j'ai l'honneur..... *(Il salue très bas).*

LA MARQUISE.

Monsieur... qui êtes-vous ?...

LAMBERT.

Oh ! mon Dieu !... pas grand'chose pour le moment... un pauvre diable d'intendant au service de certain vicomte... qui tient de près, je crois, à madame la marquise...

LA MARQUISE.

Qu'entends-je !... vous seriez à mon neveu ?... Oh ! vous savez alors.....

LAMBERT.

Que madame la marquise a la bonté de s'intéresser au sort d'une jeune fille...

LA MARQUISE.

Parlez, Monsieur, parlez vite... Où est-elle ?... quel est son sort ?...

LAMBERT.

Je viens rassurer madame la marquise...

LA MARQUISE.

Expliquez-vous donc, Monsieur...

LAMBERT.

Pardon si l'admiration me coupe la parole... Mais je n'en puis revenir encore... une telle sollicitude pour la fille d'un pauvre ouvrier... sollicitude tout-à-fait désintéressée... ah ! madame la marquise est une sainte !...

LA MARQUISE.

De grâce...

LAMBERT.

Aussi, j'ai voulu m'associer aux pieux sentiments de madame la marquise, en entrant chez son neveu, jouer le rôle d'un ange aux gages du démon !

LA MARQUISE.

Mais Louise, Monsieur, Louise ?

LAMBERT.

Grâce à moi, Madame, elle échappe au vicomte, dont j'ai feint d'abord de servir les projets... elle est en sûreté.

LA MARQUISE.

Courons...

LAMBERT.

Oh ! rien ne presse... Elle est en sûreté, vous dis-je... et une grande dame comme vous ne peut s'exposer...

LA MARQUISE, *à part.*

Il a raison... je me trahirais...

LAMBERT.

Voilà ce que j'avais à dire à madame la marquise, et j'ai pensé qu'elle me remercierait...

* La Marquise, Lambert.

LA MARQUISE.

Oh ! si vous avez sauvé cette enfant, soyez béni, Monsieur !

LAMBERT.

Merci, madame la marquise... mais, j'ai quelque chose encore à vous demander...

LA MARQUISE.

Ah ! c'est juste... j'oubliais votre récompense... Parlez... que faut-il ? combien ?

LAMBERT.

De l'argent !... ah ! fi !... j'ai le cœur plus haut placé que cela... Mademoiselle Louise est charmante... c'est un trésor de grâce et de candeur...

LA MARQUISE, *avec un peu d'embarras.*

Sans doute.

LAMBERT.

Heureux mille fois l'époux dont elle partagera la destinée.

LA MARQUISE.

Eh ! quoi !...

LAMBERT.

Je suis las de la vie de garçon... ma foi, je veux me marier... Madame la marquise pourrait appuyer ma demande auprès du père Pascal...

LA MARQUISE.

Mais, Monsieur, vous confier le bonheur de cette jeune fille... nous ne vous connaissons pas...

LAMBERT.

On pourrait, au besoin, se faire connaître.

LA MARQUISE, *à part.*

C'est singulier... ce regard...

LAMBERT.

Il me semble que ma profession ne saurait faire obstacle ? je ne vois pas trop la distance qui sépare un ouvrier d'un intendant.

LA MARQUISE.

Monsieur...

LAMBERT.

A moins... mon Dieu ! on voit des choses si curieuses... à moins que cet ouvrier ne se trouve tout-à-coup être un gentilhomme...

LA MARQUISE, *à part.*

Que dit-il ?

LAMBERT.

Le baron de Brévannes, par exemple !

LA MARQUISE.

Ciel !

LAMBERT.

Mais son intérêt lui impose de rester ce qu'il paraît être... Ah ! il y aurait bien encore la mère de la jeune fille...

LA MARQUISE, *à part.*

Je me sens mourir...

LAMBERT.

Une certaine comtesse de Lormes... mais on la dit morte... Et, dans tous les cas, si cette grande dame venait jeter son orgueil en travers de mes

projets... Eh bien! mais, alors... Je ne suis pas
entêté, moi!... je cèderais la place au chevalier de
Saint-Remy.

LA MARQUISE, *le regardant.*

Vous!.. oh! non... c'est impossible... vous
n'êtes pas.... (*Elle le regarde avec effroi, et
comme si elle le reconnaissait.*)

SAINT-REMY.

Vous savez bien que si, puisque vous avez
pâli en me reconnaissant!

LA MARQUISE.

En vain je voudrais douter... ces traits...
malgré leur altération...

SAINT-REMY.

Allons, vous y mettez de la mauvaise volonté,
car je suis très bien conservé.

LA MARQUISE.

Mais... quel est votre dessein?..

SAINT-REMY.

Vous concevez... Cadet de famile, forcé par la
misère d'abriter ma noblesse sous une veste d'intendant, je déménage et je passe dans l'habit d'un
gentilhomme, qui en vaut bien un autre, pardieu!.. Nous sommes cousins par alliance.

LA MARQUISE.

Oh! taisez-vous!.. Puisque la fatalité vous
rend maître de tous ces funestes secrets, je ne
puis nier plus longtemps... Mais, que moi je vous
livre ma fille... à vous, l'ancien compagnon de
débauches de mon mari!..

SAINT-REMY.

Madame...

LA MARQUISE.

A vous, le chevalier de Saint-Remy, la honte et
l'opprobre de la gentilhommerie de France!

SAINT-REMY.

C'en est trop!.. et je ne demande plus, j'exige!..
N'est-ce pas, Madame, qu'il vous serait doux, sans
rien avouer au monde, de protéger cette enfant?
de lui donner fortune, honneurs, plaisirs!.. Votre
honteuse maternité n'oserait se montrer au grand
jour... et le monde vous saluerait en pensant que
vous êtes une femme pieuse qui faites l'aumône à
la fille d'un homme du peuple... c'est si beau la
réputation!...

LA MARQUISE, *cherchant à l'arrêter.*

De grâce!..

SAINT-REMY.

Mais, n'est-ce pas qu'il serait terrible d'entendre une voix retentissante, comme la mienne, par
exemple, s'écrier : le baron de Brévanne, condamné à mort, existe sous le nom de Pascal, et la
comtesse de Lormes, prie Dieu tous les soirs, dans
l'oratoire de la marquise de Sauveterre!

LA MARQUISE.

Oh! vous ne ferez pas cela!..

SAINT-REMY.

Ah! vous ne me jetez plus l'injure à la face...
vous comprenez qu'il faut céder...

LA MARQUISE.

Jamais!

SAINT-REMY.

Ce matin même!

LA MARQUISE.

Jamais, vous dis-je!

SAINT-REMY.

Je le veux!.. Ah! vous croyez que je laisserai
échapper cette magnifique chance de rebâtir l'é-
difice écroulé de ma fortune?.. Mais, vous ne de-
vinez donc pas que le manteau de la misère pèse
sur mes épaules!.. qu'après avoir laissé dans un
tripot mes dernières pistoles, il y a de cela cinq
ans, j'ai vécu dans les privations, l'abaissement,
l'indigence. Oh! je vous cherchais des yeux
alors... car, un secret tel que le vôtre est, dans les
mains de celui qui le possède, un talisman qui
peut changer tout en or!.. Et, quand je vous
trouve, vous voulez que je me contente de quelques écus?.. Non, non!.. ce qu'il me faut, c'est
une fortune hypothéquée sur votre tendresse ma-
ternelle... J'épouserai Louise, vous dis-je!..

LA MARQUISE.

Non!

SAINT-REMY.

Ici, je commande, c'est à vous d'obéir!

LA MARQUISE.

Oh! ma tête se trouble... mes idées se confon-
dent... Je deviens folle!..

SAINT-REMY.

Le voyage vous remettra...

LA MARQUISE.

Mon Dieu!... inspirez-moi!.. Que faire?

SAINT-REMY.

Je vais vous le dire... Le temps seulement
de prévenir le vicomte, et nous partons ensemble, nous allons chercher Louise... Dans
deux heures, je la conduis à l'autel, et je l'épouse
sous mon nom de gentilhomme, sous le nom de
chevalier de Saint-Remy... Cela se fera ainsi, ou
sinon, la mort pour votre amant, la honte pour
vous!.. Il me semble qu'il n'y a pas à balancer!..

LA MARQUISE.

Mais vous n'y pensez pas... une résolution
aussi soudaine... un aussi brusque départ!.. cela
serait étrange! Il faut que je voie le duc, que je
lui parle.

SAINT-REMY.

C'est inutile... écrivez-lui... je me charge de
remettre le billet entre ses mains...

LA MARQUISE.

Mais comment?

SAINT-REMY.

Ici je vais trouver... je suis à vous... (*Il entre
dans le pavillon.*)

LA MARQUISE, *frappée; à part.*

Ah! quelle idée!..

SAINT-REMY, *rentrant avec ce qu'il faut pour écrire, et plaçant le tout sur la table rustique à droite.*

Voici ce qu'il faut... mettez-vous là *...

LA MARQUISE, *s'asseyant.*

Puisque vous m'y forcez...

SAINT-REMY.

Soyez prompte... il suffit de quelques mots... (*Il remonte.*)

LA MARQUISE, *écrivant, pendant que Remy guette au fond.*

« Monsieur le duc,

« Au nom de votre amitié, faites ce que je vous
« demande : celui qui vous remettra ce billet est
« un homme dangereux, mon ennemi le plus im-
« placable. Il n'y a que vous qui puissiez me met-
« tre à l'abri de ses persécutions. Faites en sorte
« de le retenir et d'empêcher que d'ici à vingt-
« quatre heures il ne puisse me rejoindre... Il y
« va de mon repos et peut-être de ma vie. »

SAINT-REMY, *redescendant.*

Est-ce fait?

LA MARQUISE.

Cacheté de mes armes.

SAINT-REMY, *prenant le billet.*

C'est bien... (*Indiquant le pavillon.*) Entrez-
là... vous m'y attendrez quelques minutes...

LA MARQUISE.

Quoi... vous voulez?..

SAINT-REMY.

Pour vous trouver facilement...

LA MARQUISE, *monte lentement le perron sous le geste impérieux de Remy et dit, avant de dispa-raître :*

Mon Dieu! quelle sera ma destinée! (*Elle entre sous le pavillon à droite.*)

SCÈNE XI.

SAINT-REMY, *puis* BRISEMICHE.

SAINT-REMY.

Parbleu! je ne me doutais guère, quand je sauvais Louise des piéges tendus à sa vertu, que je travaillais à mon profit... je me croyais désinté-ressé dans la question... Après ça, puisqu'elle doit être ma femme, je suis bien aise de pouvoir compter sur son innocence... sous ce rapport, je partage les préjugés vulgaires... c'est une fai-blesse... mais c'est comme ça...

BRISEMICHE, *à la cantonnade *.*

Pardine!.. on n'en mourra pas de chagrin... on boira un coup de plus pour se consoler!..

SAINT-REMY.

C'est toi?.. Qu'as-tu donc, mon garçon?..

* Remy, la Marquise.
* Saint-Remy, Brisemiche.

BRISEMICHE.

J'ai... que je ne suis plus suisse.

SAINT-REMY.

Vraiment !

BRISEMICHE.

Je suis obligé d'en revenir à mon ingrate patrie, et de lui demander de pourvoir à ma subsistance... mon oncle me renvoie.

SAINT-REMY.

En vérité?.. et pourquoi?

BRISEMICHE.

Est-ce que je sais?.. Il me dit d'abord de n' pas regarder ceux qui entreront... j'ferme les yeux... puis ensuite il me reproche de laisser passer des gens qui devraient rester à la porte...

SAINT-REMY.

Ton oncle est un sot.

BRISEMICHE.

C'est ce que je lui ai dit... eh bien! il a mal pris la chose et a voulu m'alonger un coup de pied... heureusement que, comme sa goutte lui empêchait de lever la jambe, ça s'est changé en une giroflée à cinq feuilles.

SAINT-REMY.

Que tu as reçue?

BRISEMICHE.

En plein sur la joue gauche... et le pis, c'est que je ne recevrai pas autre chose... Pas d'argent! c'est dur pour un suisse! bernique pour la mon-naie... et me v'là sans place.

SAINT-REMY.

Ne t'inquiète pas, je t'en trouverai une, et en attendant tu vas me servir.

BRISEMICHE, *étonné.*

Vous?.. mon ancien camarade?

SAINT-REMY.

Vois si cela te convient.

BRISEMICHE.

Certainement.... (*A part.*) Quoique, d'être do-mestique d'un valet, ça doit diminuer un peu la considértion qui s'attache à la livrée... mais, c'est égal... (*Haut.*) J'accepte.

SAINT-REMY.

En ce cas, tu vas porter cette lettre au duc de la Vrillière.

BRISEMICHE.

De votre part?

SAINT-REMY.

Non ; c'est une dame qui lui écrit.

BRISEMICHE.

Quelle dame ?

SAINT-REMY.

Tu n'as pas besoin d'en savoir davantage.

BRISEMICHE.

C'est juste ! je ne commettrai pas d'indiscré-tion.

SAINT-REMY.

Moi, je cours retrouver le vicomte et hâter mon départ. (*Il sort.*)

SCÈNE XII.

BRISEMICHE, *puis* LE DUC.

BRISEMICHE, *le suivant des yeux.*

Quel genre!.. j'ai accepté ; mais je ne resterai pas longtems dans cette place-là... c'est humiliant d'avoir un maître qui n'est pas le sien... Il me faut quelque chose de plus relevé... une maison où il y ait des chevaux, où je n'aille qu'en voiture, soit devant, soit derrière... ça m'est indifférent..... pourvu que je ne marche pas et que je fasse mon chemin. Ça ira comme sur des roulettes ; mais il me semble que j'entends quelqu'un... qui gazouille... Oh ! c'est monsieur le duc... (*Il passe sous le bosquet.*)

LE DUC, *à part.*

Ce diable de Pascal s'est emparé du vicomte et ne le lâche pas... Il veut absolument qu'on lui fasse retrouver sa fille... Il paraît, heureusement, que la petite a déguerpi... Si on venait à la retrouver chez moi, je redouterais une scène de violence et de scandale... (*Regardant à l'endroit où il avait laissé madame de Sauveterre.*) Je vois que la marquise s'est également lassée de m'attendre... Ma foi, je serais charmé d'en être débarrassé...

BRISEMICHE, *s'avançant gauchement.*
Monsieur le duc?..

LE DUC.
Qu'est-ce ?

BRISEMICHE.
Ne faites pas attention... c'est moi.

LE DUC, *le regardant.*
Quel air gauche et stupide !

BRISEMICHE.
Vous êtes bien honnête, Monseigneur.

LE DUC.
Que tiens-tu donc à la main ?

BRISEMICHE.
Une lettre pour vous.

LE DUC, *la lui arrachant.*
Et tu ne me la donnes pas !

BRISEMICHE.
Puisque vous la prenez !

LE DUC, *ouvrant la lettre.*

Ah ! de la marquise de Sauveterre... Sans doute des doléances qu'elle m'adresse en partant.... (*Après avoir lu :*) Que vois-je !.. Est-ce possible !. (*Lisant à voix basse.*) « Celui qui vous remettra « cette lettre est un homme dangereux... (*Il regarde Brisemiche.*) »

BRISEMICHE, *à part.*
Comme il me regarde !

LE DUC, *de même.*
« Mon ennemi le plus implacable... (*Il le re-*

* Brisemiche, le Duc.

de nouveau.) Il a pourtant l'air plus bête que méchant...

BRISEMICHE, *à part.*
Ma physionomie lui plaît... s'il voulait me prendre à son service je lui donnerais la (préférence sur l'autre.

LE DUC, *lisant.*
« Faites en sorte de le retenir et d'empêcher « que d'ici à vingt-quatre heures... (*A part, l'interrompant.*) c'est bien aisé à dire... (*Réfléchissant.*) je ne vois qu'un moyen de la débarrasser de ce gaillard-là c'est d'envoyer le quidam à la Bastille... Je vais le fourrer à la Bastille.

BRISEMICHE, *à part.*
Bon ! je crois qu'il s'occupe de moi.

LE DUC, *à part.*
Avec un coquin aussi madré, il faut user de ruse. (*Haut.*) Dis-moi, l'ami, qu'est-ce que tu fais, qu'est-ce que tu es ?

BRISEMICHE.
Ce qu'il plaira à Monseigneur.

LE DUC.
Comment ? tu n'as pas d'état ?

BRISEMICHE.
Pas pour le moment... et si Monseigneur avait une condition à m'offrir...

LE DUC.
Ça se pourrait bien...

BRISEMICHE.
Mais je voudrais que ça fût une maison un peu solide..

LE DUC.
Sois tranquille.

BRISEMICHE.
Qu'on ne soit pas exposé à en sortir du jour au lendemain.

LE DUC.
Tu n'en sortiras pas de longtemps.

BRISEMICHE.
C'est tout ce que je demande.

LE DUC.
Seulement, il faut se hâter.

BRISEMICHE.
Sans doute, parce qu'une si bonne place.....

LE DUC.
Et je vais donner des ordres.....

BRISEMICHE.
Je suis aux vôtres tout de suite, Monseigneur.

LE DUC.
Holà ! quelqu'un ! (*Bas, à un laquais qui est entré*). Un de mes exempts est-il en bas?

LE DOMESTIQUE.
Oui, Monseigneur.

LE DUC, *après lui avoir parlé à l'oreille.*
Vous m'entendez ?

LE DOMESTIQUE.
Oui, Monseigneur.

LE DUC, *à Brisemiche.*
Allons, tu vas monter dans un de mes carrosses.

BRISEMICHE, *avec exaltation.*

Dedans !.. vous me mettez dedans !.... Jamais !.. derrière, à la bonne heure..... mais dedans !..... *(L'exempt paraît.*

LE DUC, *à part.*

Et la lettre de cachet que j'oubliais... ah ! j'en ai toujours plein mes poches... *(A l'exempt, lui remettant un papier).* Emmenez-le ! *(A Brisemiche).* Et toi, fais ce qu'on te dit.

BRISEMICHE, *au duc.*

Oui, Monseigneur.... mais souffrez que ma joie, ma reconnaissance, ma... et cœtera... Je ne me reconnais plus... il me semble que je suis grandi !... Dieu ! que je voudrais me voir passer en carrosse, moi, qui n'ai jamais été qu'en vinaigrette !... *(Il sort avec l'exempt par la gauche au fond).*

SCENE XIII.

LE DUC, *puis* LA MARQUISE, *puis* REMY.

LE DUC, *suivant des yeux Brisemiche.*

Malgré ça, il est moins fort que je ne croyais... je n'ai pas eu trop de peine à le mettre dedans.... Il est vrai que je suis un fin renard. *(Ici, Saint-Remy paraît dans le bosquet et écoute).*

LA MARQUISE.

Eh bien ! monsieur le duc, vous avez reçu ma lettre ?

LE DUC.

Oui, Madame.

LA MARQUISE.

Cet homme ?

LE DUC.

Vous en êtes débarrassé.

LA MARQUISE.

Comment ?

LE DUC.

Il est à la Bastille.

SAINT-REMY, *à part.*

C'était moi qu'on voulait y envoyer.

LA MARQUISE.

A la Bastille ?

LE DUC.

C'est la moindre des choses... Nous l'en ferons sortir quand vous voudrez...

SAINT-REMY, *à part.*

Eh bien ! je l'ai échappé belle.

SCENE XIV.

LES MÊMES, PASCAL, LE VICOMTE **.

PASCAL.

Je vous dis, monsieur le vicomte, qu'il faut qu'elle se trouve...

* Le duc, la Marquise.

** Remy, *caché derrière le bosquet,* Pascal, le Vicomte, la Marquise, le Duc.

LE VICOMTE, *dans le plus grand trouble.*

Encore une fois elle n'est point ici.

PASCAL.

C'est ce que nous allons voir... et malheur à vous !...

LE VICOMTE, *fièrement.*

Des menaces !...

LA MARQUISE, *au vicomte.*

Taisez-vous, Monsieur !

LE VICOMTE.

Ma tante !

LA MARQUISE.

Vous aurez à rendre un compte sévère de votre conduite.

LE VICOMTE.

J'espère vous prouver...

LA MARQUISE.

Il suffit !..

LE DUC, *bas au vicomte.*

Vous êtes bien sûr qu'elle est partie ?

LE VICOMTE.

Certainement.

LOUISE, *dans la coulisse.*

Grands dieux !.. Je suis perdue...

PASCAL.

Qu'entends-je ! *(Il remonte.)*

ANDRÉ.

Soyez tranquille, Mademoiselle... on nous empêche de sortir... mais je trouverai une autre issue...

(Ils paraissent.)

SCENE XV.

LES MÊMES, LOUISE, ANDRÉ *.

LOUISE, *avec un cri.*

Ah ! mon père !..

PASCAL, *la prenant dans ses bras.*

Ma fille !

LE DUC, *au vicomte.*

Qu'est-ce que vous me disiez donc !

LE VICOMTE.

Je n'y comprends plus rien.

PASCAL.

Chère enfant !

LOUISE.

J'ai cru que nous ne nous reverrions plus... et je ne sais ce que je serais devenue sans la protection courageuse d'André. On ne voulait pas nous laisser sortir de cette odieuse maison.

LE DUC, *à part.*

Imbécille de suisse, va ! Je lui défends de laisser entrer et il empêche de sortir !

* André, le Vicomte, Pascal, Louise, la Marquise, le Duc.

LOUISE.

Plus tard je vous raconterai mes dangers, mes angoisses... Pour le moment je ne veux être qu'à mon bonheur et à ma reconnaissance. (*Elle tend la main à André.*)

ANDRÉ.

Mademoiselle, c'est attacher trop de prix...

LA MARQUISE.

Non, Monsieur... votre conduite fut noble et généreuse... elle doit avoir sa récompense... et c'est moi...

ANDRÉ, *vivement.*

Je n'ai fait que mon devoir, Madame, et ma récompense...est là... je n'en veux pas d'autre...

LA MARQUISE, *à André.*

Je ne renonce point à mon projet, nous en reparlerons... (*Au duc.*) Je vous rends grâces, monsieur le duc... (*A part.*) Ah! mon cœur n'est plus oppressé, et je n'ai plus rien à craindre du chevalier de Saint-Remy... (*Haut.*) Louise, je vous emmène avec votre père... nous retournons à Paris.

SAINT-REMY, *à part.*

J'y serai avant vous, madame la marquise!..

(*Tableau. — Le rideau tombe.*)

FIN DU TROISIÈME ACTE.

****

ACTE QUATRIÈME.

Le théâtre représente un salon, portes à droite et à gauche cachées par des portières. — A droite, au premier plan, une porte conduisant à la chambre de la marquise; à gauche, une table sur laquelle il y a un coffret fermé. — A droite un canapé.

SCÈNE PREMIÈRE.

LA MARQUISE, *sortant de la droite et s'adressant à la cantonnade.*

Oui, je me sens mieux... mais tu dois être toi-même bien fatiguée : il faut que tu prennes un peu de repos... Je l'exige. (*En scène.*) Pauvre Louise! avec quelle sollicitude elle a veillé sur moi pendant cette nuit pénible! J'ai cru que je ne survivrais pas à tant d'émotions... mais, au milieu de mes souffrances, j'étais heureuse des soins qu'elle me prodiguait... et maintenant j'ai retrouvé assez de forces pour m'occuper d'elle, de son avenir...

SCÈNE II.

LA MARQUISE, LE VICOMTE.

LE VICOMTE, *entrant.*

Ma tante!..

LA MARQUISE.

Vous ici, Monsieur? Après ce qui s'est passé, je suis surprise, que vous osiez vous présenter devant moi.

LE VICOMTE.

J'avais une faute à réparer, madame la marquise, et c'est le motif qui m'a conduit en ces lieux.

LA MARQUISE.

Vous deviez vous abstenir d'y reparaître... Cette jeune fille est placée sous ma sauvegarde et votre amour pour elle est une insulte.

La Marquise, le Vicomte.

LE VICOMTE.

Non, ma tante... car cet amour purifié par un profond repentir est digne maintenant de lui être offert.

LA MARQUISE.

Expliquez-vous... quelles sont vos intentions.

LE VICOMTE.

J'aime Louise autant que l'on peut aimer... J'ai lieu de croire qu'elle n'est point insensible à ma tendresse...

LA MARQUISE, *à mi-voix.*

En effet, tout-à-l'heure encore, son émotion, ses larmes...

LE VICOMTE.

Eh bien! pour assurer notre bonheur mutuel, pour racheter l'indigne violence dont je m'étais rendu coupable envers cette jeune fille, j'ai résolu de lui donner ma fortune et mon nom.

LA MARQUISE, *étonnée.*

Il se pourrait!.. (*Avec joie.*) Ma fille!

LE VICOMTE.

Cela vous étonne, je le conçois... Une pareille résolution, dans ce siècle de préjugés et d'orgueil, pourra paraître singulière, bizarre; mais votre cœur généreux comprendra le sentiment qui me l'inspire, et je suis persuadé que vous approuvez...

LA MARQUISE.

Je n'ai point à m'expliquer maintenant... c'est au père de Louise qu'il faut d'abord vous adresser. C'est à lui de disposer de sa fille... c'est son consentement qu'il faut réclamer...

LE VICOMTE.

Je suis certain de l'obtenir... Il ne résistera pas à mes prières, à mes instances...

LA MARQUISE.

Allez donc le trouver. Quelle que puisse être sa

réponse, vous devez avoir hâte de lui offrir cette réparation.

LE VICOMTE.

Oui, ma tante ; avant une heure vous connaîtrez la réponse qu'il m'aura faite. Je pars avec joie, car je vais remplir une tâche bien douce à mon cœur, et je crois avoir retrouvé votre affection. (*Il sort par le fond.*)

SCÈNE III.

LA MARQUISE, *assise sur le canapé.*

Il ne se trompe pas, s'il savait le bien que ses paroles m'ont fait... j'ai voulu lui cacher ma joie... mais sans doute mes yeux auront trahi le contentement secret de mon âme... grâce à cet hymen le sort de ma fille va se trouver assuré... Je puis maintenant envisager son avenir avec calme, avec confiance, avec espoir !.. Je suis la plus fortunée des mères !.. et hier encore j'étais si malheureuse !.. Cet homme dont la présence était pour moi si menaçante !.. ah ! je ne puis y songer sans frémir !.. écartons cette funeste image... elle me tuerait !..

SCÈNE IV.

SAINT-REMY, LA MARQUISE [*].

SAINT-REMY, *d'un ton dégagé.*

Salut à madame la marquise !

LA MARQUISE, *dans le plus grand trouble.*

De Saint-Remy ! non... ce n'est pas possible !.. c'est un rêve affreux !..

SAINT-REMY, *de même.*

Qu'avez-vous donc, Marquise ? vous ne paraissez pas à votre aise...

LA MARQUISE, *d'une voix étouffée.*

C'est bien lui !

SAINT-REMY.

Est-ce que ma visite vous contrarie ?

LA MARQUISE.

J'avoue que j'étais loin de m'attendre...

SAINT-REMY.

Oui, vous me supposiez quelque part... à la Bastille peut-être ?

LA MARQUISE, *détournant la tête.*

Mon Dieu !

SAINT-REMY.

Ça n'a pas réussi... je suis libre et m'empresse de venir causer amicalement avec vous de certains intérêts, de la promesse que vous m'avez faite...

LA MARQUISE.

Je vous ai promis quelque chose ?

SAINT-REMY.

Voilà déjà la mémoire qui vous fait défaut ! Ne

[*] Saint-Remy, la Marquise.

vous ai-je pas dit que j'aimais Louise, que je la voulais pour femme... et comme vous ne pouvez me la refuser, c'est absolument comme si vous me l'aviez promise...

LA MARQUISE.

Monsieur...

SAINT-REMY.

C'est de la logique, ou je ne m'y connais pas.

LA MARQUISE.

Quoi ?.. vous voulez que je vous la sacrifie.

SAINT-REMY.

Ah !.. le compliment n'est pas flatteur !... Il me semble qu'avec moi elle ne sera pas fort à plaindre.

LA MARQUISE.

Mais cette jeune fille ne peut vous aimer.

SAINT-REMY.

Pour quelle raison ?

LA MARQUISE.

Puisqu'elle en aime un autre !

SAINT-REMY.

Elle immolera sa passion, si vous le lui dites... Que diable ! on ne se marie pas pour s'adorer... et je suis sûr d'obtenir la préférence pour peu qu'elle tienne à la réputation de sa mère et au salut de son père, car l'un et l'autre dépendent de moi.

LA MARQUISE.

Et croyez-vous que le vicomte qui est épris de Louise, qui a juré d'expier ses torts envers elle, et de lui donner son nom renoncera tout-à-coup au projet qu'il a formé, parce que vous vous serez déclaré son rival ? Pensez-vous qu'il consente à vous céder ainsi celle qu'il aime ? Que ferez-vous pour l'y contraindre ?

SAINT-REMY.

Rien... ce n'est pas mon affaire... c'est la vôtre... Si, en mon absence, vous avez arrangé un mariage avec le vicomte, vous le déferez maintenant que me voilà revenu.

LA MARQUISE.

Ah ! c'est ma mort que vous voulez.

SAINT-REMY.

Non, soyez raisonnable... je vous offre une alliance qui assure tous les intérêts. Quelle meilleure garantie de mon silence que le lien sacré qui me rattachera au père et à la mère de Louise.

LA MARQUISE.

Cessez, de grâce !.. je n'ai plus la force de vous entendre...

UN DOMESTIQUE, *annonçant du fond.*

M. le vicomte d'Aubray !

LA MARQUISE.

Le vicomte !

SAINT-REMY.

C'est le ciel qui l'envoie !

LA MARQUISE, *troublée.*

Je ne puis le recevoir.

SAINT-REMY.

Au contraire... (*Au domestique.*) Faites-le venir. (*A la marquise, à mi-voix.*) Voici le moment d'avoir avec lui une explication décisive.

LA MARQUISE.

Devant vous?

SAINT-REMY.

C'est-à-dire que je serai invisible, caché derrière cette tapisserie.

LA MARQUISE.

Monsieur!...

SAINT-REMY.

Avez-vous peur que je vous entende?.. n'êtes-vous pas décidée à favoriser mes projets?

LA MARQUISE.

Sans doute, mais...

SAINT-REMY.

Je veux savoir sur quoi compter, il faut ici de la franchise, et je vous attends à cette épreuve. (*Il se cache derrière la portière de droite.*)

SCÈNE V.

LES MÊMES, LE VICOMTE.

LA MARQUISE, *à part.*

Que faire, mon Dieu!... quelle contrainte!... (*Haut.*) Ah! c'est vous, Arthur?

LE VICOMTE.

Oui, ma tante... j'étais impatient de me retrouver près de vous.

LA MARQUISE.

Je n'ai pas besoin de savoir...

LE VICOMTE.

Ne m'aviez-vous pas envoyé chez le père de Louise? Je n'ai pas craint d'humilier le gentilhomme devant l'artisan offensé, il a compris que j'avais été plutôt égaré que coupable, que j'avais par faiblesse écouté les funestes conseils d'un misérable que j'avais près de moi... de cet infâme Lambert!

SAINT-REMY, *à part.*

Je crois qu'on parle de moi.

LA MARQUISE.

Mon neveu!...

LE VICOMTE.

Pardon, mais il est des circonstances où l'indignation vous maîtrise et vous emporte... Au surplus, laissons de côté ce drôle.

SAINT-REMY, *à part.*

Grand merci!

LE VICOMTE.

Plus tard nous saurons percer le mystère dont il s'entoure... J'ai à vous parler d'intérêts plus chers à mon cœur, de Louise, de son bonheur, du

La Marquise, le Vicomte, Saint-Remy, *caché à droite.*

mien... et je viens vous demander à vous, qui fûtes pour moi-même une seconde mère, l'autorisation d'épouser cette jeune fille. (*Remy fait signe à la marquise de le refuser.*)

LA MARQUISE.

Y pensez-vous? un pareil dessein.

LE VICOMTE.

Ne peut avoir rien qui vous étonne... n'est-ce pas remplir un devoir?

(*Remy fait signe que non.*)

LA MARQUISE.

Songez-y, ce serait une mésalliance.

LE VICOMTE.

Oui, sans doute, aux yeux d'un monde frivole... Louise appartient à une famille obscure, elle est la fille d'un artisan... mais elle est noble par les sentiments, par la beauté, par les vertus.

LA MARQUISE.

Assurément... mais il est des préjugés que malgré soit l'on est quelquefois forcé de respecter.

SAINT-REMY, *à part.*

Très bien.

LE VICOMTE.

Un pareil langage dans votre bouche a droit de surprendre, quand ce matin même vous sembliez m'indiquer la réparation que je devais offrir à celle que j'avais offensée.

LA MARQUISE.

Vous avez mal compris, sans doute.

LE VICOMTE.

Non, non, c'est maintenant que je ne puis comprendre le changement qui s'est opéré dans vos discours. Au nom du ciel! redevenez pour moi ce que vous étiez il y a quelques heures, si bonne, si généreuse, si indulgente!... et daignez consentir...

LA MARQUISE, *avec effort.*

Il m'en coûte beaucoup... mais ce que vous demandez...

LE VICOMTE.

Si c'est moi que vous voulez punir, que du moins Louise trouve grâce à vos yeux!.. Ne la privez pas d'une réparation nécessaire, et qu'elle attend... Vous ne pouvez être insensible à tant de jeunesse, d'innocence et de grâce!..

LA MARQUISE, *d'une voix entrecoupée.*

C'est à regret!.. c'est malgré moi!.. mais je ne puis souscrire à vos désirs..... j'ai..... d'autres vues.....

LE VICOMTE, *à part.*

Que s'est-il donc passé depuis ce matin? à quelle étrange influence cède-t-elle en ce moment? (*A part, voyant Remy qui fait des signes à la marquise.*)

Que vois-je? Lambert! il était là, caché! Serait-ce lui qui dictait le refus?

Le Vicomte, la Marquise, Lambert, *caché.*

LA MARQUISE, *allant s'asseoir sur le canapé à droite. Au vicomte avec effort.*

Ma résolution..... est..... irrévocable..... mais, quelque singulière que vous paraisse ma conduite, ne vous hâtez pas de la condamner.... Croyez qu'elle se fonde sur de graves motifs, et qu'à ma place vous n'agiriez pas autrement.

LE VICOMTE, *avec contrainte.*

Aussi, je n'insiste plus... et puisqu'il le faut, je me résigne à l'arrêt que vous venez de prononcer...

LA MARQUISE, *à part.*

Pauvre Louise !

LE VICOMTE, *à part.*

Mais il me reste à éclaircir ce mystère et à démasquer le fourbe!... (*Haut*). Adieu, ma tante !... (*A part*). C'est à lui maintenant que nous aurons affaire. (*Il sort*).

SCÈNE VI.

LA MARQUISE, SAINT-REMY *.

LA MARQUISE, *à part.*

Il était temps qu'il s'éloignât. (*Haut, à Remy*). Eh bien! Monsieur, vous devez être content?

SAINT-REMY.

Enchanté !... Vous vous êtes exécuté à merveille, le reste maintenant me regarde, et je vais y pourvoir sur-le-champ.

LA MARQUISE, *avec effroi.*

Sur-le-champ !

SAINT-REMY.

Je suis pressé d'être heureux... On est impatient quand on aime !

LA MARQUISE.

Ce n'est point sérieusement que vous parlez...

SAINT-REMY.

Si ma foi..... Dans une heure, je vous amène le notaire. Nous dressons le contrat... ce soir la bénédiction nuptiale.... A minuit Louise sera ma femme et j'aurai le droit de vous appeler tout de bon ma belle-mère.

LA MARQUISE.

Mais cette précipitation...

SAINT-REMY.

N'est que de la prudence; je me défie de tout le monde. A bientôt... qu'un peu de joie éclaircisse ce front sombre; il s'agit d'une fête, d'un mariage : prenez un air analogue à la circonstance. (*Il sort par le fond*).

SCÈNE VII.

LA MARQUISE, *seule.*

Être en butte à tant d'audace, et ne pas oser repousser l'infâme qui m'accable de son humi-

* Lambert, la Marquise.

liante tyrannie! Subir tant de honte... par la crainte d'une honte plus grande encore! ah! cette lutte cruelle est au-dessus de mes forces, et je dois y mettre un terme, je ne ferai point le malheur de ma fille... je me sacrifierai pour la sauver, pour sauver son père !..... (*Elle prend une plume et écrit*). Il s'agit de tracer un écrit qui puisse servir à la justification du baron de Brévannes, d'expliquer comment il a refusé de se défendre pour ne pas trahir le secret de notre liaison coupable, et comment il s'est perdu pour moi !... C'est maintenant à mon tour!..... Il faut rallumer de mes mains le flambeau qui doit éclairer les torts de ma vie passée; je vais appeler sur ma personne le sarcasme, l'injure et le mépris.... C'est une expiation que je dois subir; mais quand cette honte m'atteindra, mon front pâle et glacé par la mort ne pourra plus rougir !... Sachons mourir, puisque le trépas est mon seul refuge contre les persécutions qui m'entourent, contre le malheur que je prévois... Je n'ai plus le courage de vivre. Grâce au ciel, la science du docteur, en cherchant à adoucir mes souffrances, me fournit les moyens d'y mettre un terme. (*Elle ouvre le coffret avec une petite clef qu'elle tire de son sein, y prend un flacon et verse dans un verre ce qu'il contient.*) Et ce breuvage, dont les gouttes bienfaisantes devaient m'assurer le repos de chaque nuit, va me procurer un sommeil que rien désormais ne pourra troubler. (*Elle boit.*)

SCÈNE VIII.

LA MARQUISE, LOUISE *.

LOUISE.

Pardon, madame la marquise, mais ne vous voyant pas rentrer dans votre appartement, j'ai fini par être inquiète... J'ai craint qu'il ne vous fût survenu quelque crise.

LA MARQUISE, *avec contrainte.*

Mais non... Tu le vois, je suis calme...

LOUISE.

Bien vrai ?.. Vous êtes mieux en ce moment?

LA MARQUISE.

Oui, mon enfant... et j'espère bientôt ne plus souffrir.

LOUISE.

Comme vous me dites cela, mon Dieu !.. vous m'effrayez !

LA MARQUISE, *s'efforçant de sourire.*

Pourquoi donc ?

LOUISE.

Vos traits sont altérés, votre voix est tremblante...

LA MARQUISE.

Cela ne sera rien... un..., un malaise passager...

* La Marquise, Louise.

LOUISE.

Souffrez que j'appelle quelqu'un...

LA MARQUISE, *la retenant.*

Non, je veux rester seule avec toi, pour te voir, pour te contempler tout à mon aise... j'ai tant de plaisir à te regarder !

LOUISE.

Madame la marquise !.. tant d'affection pour moi...

LA MARQUISE.

Cessera de t'étonner quand je t'aurai tout dit... Quand tu connaîtras le secret que jusqu'ici l'on t'a caché.

LOUISE.

O ciel !.. Vous chancelez... vos regards se troublent.

LA MARQUISE.

C'est l'émotion... le sang qui reflue vers le cœur. (*A part.*) Mon Dieu ! donnez-moi la force d'achever !

LOUISE.

Qu'avez-vous ?

LA MARQUISE, *avec effort.*

Il faut que la vérité éclate dans ce moment suprême... (*Avec effort et à voix basse.*) Louise... apprends... que je suis ta mère !...

LOUISE, *tombant à genoux.*

Il se pourrait !.. vous ? ma mère ?.. Je n'ose le croire... Ah ! ne me trompez-vous pas ?

LA MARQUISE.

Non, ma fille !.. J'ai toute ma raison !.. vois ce rayon qui brille dans mes yeux éteints, c'est du bonheur, c'est de la joie, c'est que je t'ai retrouvée.

LOUISE.

Ma mère !.. (*Se jetant dans les bras de la marquise.*) Je vous crois, j'ai besoin de vous croire !

LA MARQUISE.

Reste là, sur mon cœur.... Il y a si longtemps que je suis privée de tes caresses... ma fille !

LOUISE.

Quelle fatalité nous avait donc séparées ? Que d'années perdues pour le bonheur ! comme je vais me dédommager maintenant !

LA MARQUISE.

Ma fille, tu ne connaîtras que trop tôt l'histoire de ma vie, et alors peut-être.. mais quelles que soient les clameurs, quelles que soient les accusations qui s'élèvent contre moi, tu ne les croiras jamais, n'est-ce pas ?.. Et le souvenir de ta mère restera dans ton cœur comme dans un sanctuaire à l'abri de toute atteinte.

LOUISE.

En douter serait me faire injure. Jamais je n'oublierai ce que je vous dois de tendresse aveugle et de vénération profonde ! O vous ! la plus chérie des mères, la plus respectable des femmes !..

LA MARQUISE.

Merci, Louise, merci, mon enfant !... Maintenant je suis tranquille, et je puis mourir en paix.

LOUISE.

Que parlez-vous de mourir ? Pourquoi ces sombres idées ? quand un avenir riant s'ouvre devant nos pas ? Ne songez au contraire qu'à vivre pour vous, pour votre fille, pour notre bonheur à tous.

LA MARQUISE.

Hélas ! mon enfant, nos jours sont comptés... Je n'ai point à me plaindre, je viens d'épuiser en quelques minutes toutes les joies que le ciel pouvait verser dans mon cœur de mère.

LOUISE.

Oh ! il ne voudra pas de longtems nous séparer.

LA MARQUISE.

Peut-être... mais quoi qu'il advienne, ton souvenir sera ma consolation et ma joie.

LOUISE.

Oh ! mon Dieu ! vous êtes accablée !...

LA MARQUISE, *d'une voix défaillante.*

Tiens !... prends ce papier, tu le remettras à... ton père... j'exige que dès demain, il en fasse usage....

LOUISE.

De quoi s'agit-il donc ?

LA MARQUISE.

De son repos, de son honneur, de sa vie peut-être.

LOUISE.

Grand Dieu !

LA MARQUISE.

Sois sans crainte... j'ai pourvu à tout... j'ai aussi songé à toi, je veux qu'il te marie à mon neveu.

LOUISE, *avec joie.*

A votre neveu ?

LA MARQUISE.

Oui... il t'aime tendrement il te rendra heureuse... cet hymen est le plus cher de ses vœux. (*Apart.*) et j'ai pu tout-à-l'heure ! mais j'ai réparé le mal...(*Ouvrant ses bras.*) Ma fille... embrasse-moi encore une fois... (*A part et d'une voix teinte.*) Ce sera la dernière !...

SCÈNE IX.

LES MÊMES, RAIMBAULT.

RAIMBAULT, *à la marquise.*

Madame, le chevalier de Saint-Remy demande à vous parler.

LA MARQUISE, *à Louise.*

Je ne veux pas qu'il te voie... va-t'en, va-t'en bien vite !....

La Marquise, Louise, Raimbault.

LOUISE.

Quoi?.. vous quitter dans un pareil moment !

LA MARQUISE, *prenant le bras de Raimbault.*

Raimbault va me conduire jusqu'à mon appartement, c'est là que je recevrais le chevalier...

LA MARQUISE, *lui donnant sa main à baiser.*

Adieu, Louise... adieu, (*A mi-voix.*) Ma fille ! (*Elle sort à la droite des spectateurs, appuyée sur le bras de Raimbault, Louise sort du côté opposé.*)

SCÈNE X.

SAINT-REMY, *puis* RAIMBAULT.

SAINT-REMY, *il entre par le fond en se frottant les mains.*

Vivat ! tout marche à merveille et je n'ai n'ai pas perdu un instant; le notaire est prévenu, il va arriver ; je ne veux pas que la marquise ait le temps de réfléchir. J'aurai donc repris dans le monde la position qui m'appartient. La société n'est qu'une grande comédie où chacun tâche de prendre le meilleur rôle... Je n'ai pas voulu celui de dupe ; je vais être millionnaire... j'aurai tout ce qui s'achète, plaisirs... pouvoir, considération même... du moment qu'on peut y mettre le prix.

RAIMBAULT, *rentrant en scène, l'air triste et abattu.*

Ah! Monsieur, je suis bien affligé.

SAINT-REMY.

Pourquoi donc, Raimbault ?

RAIMBAULT.

Madame la marquise est bien mal.

SAINT-REMY.

Il y a dix ans qu'elle est ainsi... ces santés frêles et chancelantes durent plus que celles qui sont robustes, c'est le roseau qui plie à tous les vents.

RAIMBAULT.

C'est égal... je ne l'ai jamais vue aussi agitée...

SAINT-REMY.

Je sais ce qui la tourmente... le sort d'une personne à laquelle elle s'intéresse, et dont elle voudrait assurer l'avenir.

RAIMBAULT.

Vous croyez ?

SAINT-REMY.

Il n'en faut pas davantage pour éveiller la sensibilité de ses nerfs, pour... elle est si bonne !

RAIMBAULT.

C'est vrai.

SAINT-REMY.

Ça n'aura pas de suite... je vais la voir, lui parler... la calmer... je crois avoir sur son esprit quelque influence.

* Remy, Raimbault.

RAIMBAULT.

Que le ciel vous entende !..

SAINT-REMY.

Sois tranquille, tu feras entrer le notaire qu'elle attend...

RAIMBAULT, *étonné.*

Le notaire ?

SAINT-REMY.

Oui... et dès qu'il sera arrivé, que la porte soit fermée pour tout le monde... tu m'as compris...

RAIMBAULT.

Oui, Monsieur...

SAINT-REMY, *à part, en s'en allant.*

Maintenant je vais agir.

(*Il entre chez la marquise.*)

RAIMBAULT.

C'est égal... je suis inquiet... et s'il m'était permis d'avoir une opinion, je dirais : il se passe ici quelque chose d'extraordinaire... (*Il sort par la porte du fond en même temps que Saint-Remy rentre en scène.*)

SAINT-REMY, *rentrant précipitamment, pâle, défait et les cheveux en désordre.*

Malédiction ! morte !.. morte... sans avoir rien signé !.. mes mesures étaient si bien prises !.. elle m'échappe par la mort quand je ne lui demandais que de vivre encore quelques heures! cruelle ironie de la destinée, qui me montre la richesse et la fait disparaître lorsque j'étends les mains pour la saisir !.. et je ne me révolterais point contre cet arrêt?.. je me laisserais ainsi dépouiller par un caprice du sort? je verrais de nouveau s'éloigner la fortune?.. Non !.. je me jetterai sous sa roue pour l'arrêter... dussé-je être écrasé par elle... il faut risquer les coups les plus désespérés, mais comment renouer la partie?.. que faire?.. je suis seul dans la maison... le notaire va venir... (*Comme frappé d'une inspiration soudaine.*) Eh ! mais !.. on pourrait peut-être... quelle idée!.. c'est l'enfer qui me l'inspire !.. je le sens au feu qui circule dans mes veines, à l'espoir qui brûle mon front... oui, dans la chambre qui précède la sienne, caché dans l'ombre, abrité par une mante, en déguisant sa voix, il serait facile de faire revivre la marquise pour un instant... et cela suffirait... Si je réussis, tout est réparé... il faut que je réussisse... Allons ! de l'audace ! je n'ai pas une minute à perdre ! (*Il sort du côté où est situé l'appartement de la marquise.*)

SCÈNE XI.

RAIMBAULT, *tenant deux flambeaux, puis* DEUX NOTAIRES.

RAIMBAULT.

Entrez, Messieurs...

PREMIER NOTAIRE, *à l'autre.*

Après vous, cher confrère.

DEUXIÈME NOTAIRE.

Je n'en ferai rien.

PREMIER NOTAIRE.

Vous êtes mon ancien. (*Ils entrent.*)

RAIMBAULT, *allant frapper doucement à la porte de la marquise.*

Madame, MM. les notaires... (*Il indique par un signe qu'on lui a répondu.*)

RAIMBAULT, *aux notaires.*

Veuillez attendre un instant.

PREMIER NOTAIRE.

Savez-vous, confrère, qu'il est fort honorable pour nous qu'une grande dame comme celle-là nous ait envoyé chercher au faubourg Saint-Jacques ; il faut que notre réputation...

DEUXIÈME NOTAIRE.

Ce n'est pas ça.

PREMIER NOTAIRE.

Vous pensez que le hasard seul.

DEUXIÈME NOTAIRE.

Encore moins.

PREMIER NOTAIRE.

Quelles sont donc vos conjectures?

DEUXIÈME NOTAIRE.

Chut!.. (*A voix basse.*) Il s'agit de quelque acte que l'on ne veut pas confier au notaire ordinaire de la famille... dont on craindrait les indiscrétions... peut-être même les remontrances. (*La porte s'ouvre.*)

RAIMBAULT.

Je crois que vous pouvez entrer. (*Les notaires entrent.*)

SCÈNE XII.

RAIMBAULT *seul*, *puis* PASCAL, LOUISE.

RAIMBAULT.

Que viennent faire ces Messieurs?.. leur présence m'intrigue malgré moi. Je le répète... il se passe ici quelque chose d'extraordinaire...

PASCAL, *entrant, à Louise* **.

Calme-toi, mon enfant, nous allons la voir.

LOUISE.

C'est que je suis si tourmentée...

RAIMBAULT.

Que demandez-vous, Messieurs?

PASCAL.

Nous voulons parler à madame la marquise.

RAIMBAULT.

Impossible en ce moment.

LOUISE.

Pourquoi donc?

RAIMBAULT.

J'ai ordre de ne laisser pénétrer personne.

* Premier notaire, deuxième notaire,
** Pascal, Louise, Raimbault,

PASCAL.

Cette défense ne peut nous regarder.

RAIMBAULT.

Cela regarde tout le monde.

LOUISE.

Il me semble, cependant...

RAIMBAULT.

Madame est occupée de quelque chose d'important, elle est enfermée avec deux notaires.

PASCAL.

Ah! mon Dieu!

(*La porte s'ouvre.*)

RAIMBAULT.

Tenez, il paraîtrait qu'ils ont fini, car les voilà qui sortent.

SCÈNE XIII.

LES PRÉCÉDENTS, LES DEUX NOTAIRES.

DEUXIÈME NOTAIRE.

Cette femme-là n'ira pas loin, c'est moi qui vous le dis.

PREMIER NOTAIRE.

J'ai cru plusieurs fois qu'elle allait passer au milieu d'une crise.

PASCAL.

Vous quittez madame la marquise, Messieurs?

DEUXIÈME NOTAIRE.

Mon Dieu, oui, elle est bien mal.

LOUISE.

Je cours lui offrir mes soins.

PREMIER NOTAIRE.

Oh! c'est surtout de repos qu'elle a besoin.

DEUXIÈME NOTAIRE.

Elle était tellement accablée...

LOUISE.

C'est égal, je veux absolument...

SCÈNE XIV.

LES MÊMES, SAINT-REMY, *puis* LE VICOMTE *.

SAINT-REMY, *sortant par la porte, à gauche.*

Ah! mon Dieu! qui pouvait le prévoir! quel affreux malheur!

TOUS.

Quoi donc?

SAINT-REMY.

Madame la marquise...

TOUS.

Eh bien?...

SAINT-REMY.

Elle est morte!

(*Le vicomte est entré sur ce mot.*)

* Le premier notaire, le deuxième notaire, le Vicomte, Louise, *à genoux*, Pascal, Saint-Remy.

TOUT LE MONDE.

Morte !...

(*Louise tombe à genoux, la tête cachée dans ses mains.*)

SAINT-REMY.

Subitement... à la suite d'une de ces crises auxquelles elle était sujette.

PREMIER NOTAIRE.

Eh bien! ça ne m'étonne pas... Tout-à-l'heure, elle paraissait tellement faible en nous dictant son testament.

(*Pascal relève Louise et le faire asseoir. Tous deux paraissent absorbés par leur douleur.*)

TOUS, *excepté Pascal et Louise.*

Son testament!

SAINT-REMY.

Pauvre femme!

LE VICOMTE,

Elle m'avait donné pendant sa vie tant de marques d'affection et de confiance !.. c'est moi qu'elle aura chargé de l'exécution de ses dernières volontés.

PREMIER NOTAIRE, *lui présentant le testament.*

Voici, Monsieur...

LE VICOMTE, *après avoir lu.*

Que vois-je ?.. non, ce n'est pas possible !

SAINT-REMY.

Quoi donc ?

LE VICOMTE, *lisant.*

« Je lègue au chevalier de Saint-Remy tous mes « biens présents et à venir, pour qu'il en dispose « comme il l'entendra : telle est ma volonté! »

SAINT-REMY, *tirant un mouchoir*

Ah! je suis touché !.. Digne femme !.. une telle preuve d'affection au plus humble de ses parents!

LE VICOMTE, *retenant sa colère.*

Oui, vous avez raison de vous étonner, Monsieur... car l'étonnement gagnera tout le monde à la lecture de ce testament, et la surprise sera telle qu'on ira jusqu'à mettre en doute l'authenticité d'un pareil écrit.

SAINT-REMY.

Qu'osez-vous dire ?

PREMIER NOTAIRE.

Nous attestons...

LE VICOMTE, *un peu plus emporté.*

Eh! Messieurs, il y a là-dessous quelque machination infernale dont vous avez fort bien pu être les premières dupes. (*Désignant Saint-Remy*). Cet homme était l'ennemi juré de ma tante.

SAINT-REMY.

Monsieur!

LE VICOMTE, *s'animant.*

Un misérable!

SAINT-REMY.

Prenez garde!

LE VICOMTE, *quittant toute contrainte.*

Oui, vous êtes un misérable! Vos menaces, votre influence funeste pesaient sur la vie de ma tante, je le sais! et à l'heure de la mort, vous lui aurez arraché ce legs, qui est une impiété !

SAINT-REMY.

Vous êtes fou !

DEUXIÈME NOTAIRE.

J'oserai faire observer à monsieur le vicomte que ce testament nous a été dicté librement par madame la marquise.

LE VICOMTE.

Je vous dis que cet homme est capable de tout.

SAINT-REMY, *haussant les épaules.*

Colère d'héritier désappointé !

LE VICOMTE.

Insolent! Mais on saura la vérité... il y a ici un faussaire !

PREMIER NOTAIRE *.

Calmez-vous.

SAINT-REMY.

Ah! c'en est trop ! à la fin je relève la tête, et, faisant taire un instant la profonde douleur qui m'afflige, j'invoque dès à présent l'autorité de cet écrit pour me soustraire à des injures dictées par un vil intérêt d'argent.

LE VICOMTE, *à peine contenu par Pascal et Louise.*

Oses-tu bien !...

SAINT-REMY, *avec force.*

Je suis chez moi ! tout ce qui est ici m'appartient, monsieur le vicomte..... et j'ai le droit de vous chasser de cet hôtel, qui est le mien !

LE VICOMTE.

Je t'en défie !

SAINT-REMY.

Eh bien ! donc, je vous ordonne de quitter ces lieux à l'instant, moi, légataire universel de la marquise de Sauveterre !

SCÈNE XV.

LES MÊMES, LA MARQUISE, *apparaissant sur le seuil de sa chambre, pâle et échevelée.*

LA MARQUISE **.

Vous mentez !

SAINT-REMY, *reculant effaré.*

Grand Dieu !

PASCAL ET LE VICOMTE.

Est-ce un rêve !

LOUISE, *avec un cri.*

Vous ! Ah !

(*Elle se jette dans ses bras.*)

* Premier notaire, deuxième notaire, le Vicomte, Saint-Remy, Louise, Pascal.

** Premier notaire, deuxième notaire, le Vicomte, Saint-Remy, Louise, Pascal, la Marquise.

PASCAL.

Vivante !

(*Pascal et Louise la soutiennent, et l'accompagnent vers le canapé, où elle se laisse tomber.*)

LA MARQUISE, *promenant ses regards autour d'elle.*

Que signifie cette joie, mêlée de terreur et de larmes ? On semble douter...

LOUISE, *avec effusion.*

Non, vous nous êtes rendue..... Laissez-nous jouir de notre bonheur sans nous en demander la cause...

SAINT-REMY, *très troublé.*

Sans doute..... qu'il ne soit plus question de rien...

LA MARQUISE.

Attendez... je devine maintenant... mes souvenirs me reviennent... un songe épouvantable... oui... j'ai voulu... j'ai cru mourir... Mais cet homme, qui se dit mon légataire universel ? (*Elle lui arrache le testament.*) Oh ! il ment ! il ment !

PREMIER NOTAIRE.

Mais par qui donc cet acte nous a-t-il été dicté ?

LA MARQUISE, *avec force.*

Ce n'est pas par moi, Messieurs !.. Un faussaire avait pris ma place...

TOUS.

Un faussaire !

SAINT-REMY.

Prenez garde, Madame... une pareille accusation veut des preuves...

LE VICOMTE.

On en trouvera, Monsieur..... c'est une affaire qu'il sera facile d'éclaircir ; car, dans ma juste défiance, j'avais amené avec moi des gens de justice... ils sont là. (*Au fond, et à haute voix.*) Entrez, Messieurs !

(*Des gardes au fond, et des gens de justice.*)

SAINT-REMY, *avec assurance.*

Ah ! ils sont là ?

LE VICOMTE, *aux gardes.*

Emparez-vous de cet homme !

(*Il désigne Saint-Remy.*)

SAINT-REMY.

Monsieur le vicomte se trompe, Messieurs, et vous ne pouviez venir plus à propos. Il s'agit d'exécuter un arrêt du Parlement... de saisir un grand coupable qui se cache sous un nom supposé..... (*Désignant Pascal.*) Arrêtez, au nom du Roi, M. le baron de Brévannes !

LES DEUX NOTAIRES.

Est-il possible !

LA MARQUISE.

O ciel !

LOUISE.

Mon père !

LE VICOMTE, *aux gens de loi.*

Ne le croyez pas... il vous trompe.

PASCAL, *avec dignité.*

Il a dit la vérité... je suis à vos ordres, Messieurs !

LOUISE, *à Pascal.*

Oh ! je ne vous quitte pas !

PASCAL.

Ma fille !

LA MARQUISE, *avec douleur.*

Il est perdu !

SAINT-REMY.

Madame la marquise, c'est vous qui l'avez voulu !

(*Le rideau baisse.*)

FIN DU QUATRIÈME ACTE.

✳✳✳

ACTE CINQUIÈME.

Une salle d'auberge. — Trois issues, l'une à droite, l'autre à gauche et la troisième dans le fond. — A gauche, sur le premier plan, une grande malle vide.

SCÈNE PREMIÈRE.

L'HOTESSE, ANDRÉ, *il est en costume de voyage; il tient un bâton à la main.*

L'HOTESSE.

Qu'est-ce qu'il faut vous servir, monsieur le voyageur ?

ANDRÉ.

Rien.

* L'hôtesse, André.

L'HOTESSE.

Est-ce que vous n'allez pas déjeuner ?

ANDRÉ.

Non.

L'HOTESSE.

Il faut au moins vous rafraîchir ?

ANDRÉ.

Je n'ai pas soif.

L'HOTESSE.

Tant pis... car j'avais d'excellent vin à vous offrir.

ANDRÉ.

Je n'ai besoin que d'un peu de repos.

L'HOTESSE.

C'est que toutes mes chambres sont occupées par des voyageurs qui consomment.

ANDRÉ.

Oh ! mon Dieu, je ne demande qu'un coin dans votre grange.

L'HOTESSE.

C'est facile et ça ne vous coûtera pas trop cher.

ANDRÉ.

Dès que j'aurai réparé mes forces par quelques heures de sommeil, je compte me remettre en route.

L'HOTESSE.

Vous êtes donc bien pressé?

ANDRÉ.

Oui, je quitte une famille avec laquelle je croyais achever mes jours, famille honnête, probe, laborieuse où la folie d'un jeune seigneur a porté le trouble et le chagrin... C'est un spectaclo douloureux que je ne pouvais supporter, c'est pour cela que j'ai résolu de fuir... Je marche à l'aventure, sans projet, sans but, bien décidé à ne m'arrêter que là où je ne serai point exposé à rencontrer des méchants et des pervers.

L'HOTESSE, à part.

Diable ! ça peut le mener loin.

ANDRÉ.

Veuillez m'indiquer où est votre grange?

L'HOTESSE, lui montrant par la fenêtre.

Tenez, au bout de la cour, à droite... la porte n'est pas fermée.

ANDRÉ.

Merci !... (Il sort à gauche.)

SCÈNE II.

L'HOTESSE puis LOUISE ET BRISEMICHE.

L'HOTESSE, seule, le suivant des yeux.

Ah ! ce jeune homme-là doit avoir le cœur ravagé par une passion... on sait ce que c'est quand on a été jolie et qu'on a de la mémoire (A Louise qui est entre par la droite *.) Eh bien ! Mademoiselle, votre famille est-elle contente de l'appartement que je lui ai donné?... il est commode, spacieux... mon auberge est la meilleure de tous les environs... et c'est fort heureux que la roue de votre voiture ait cassé près de chez moi.

LOUISE, sans l'écouter.

Nous ne sommes pas loin de la frontière?

L'HOTESSE.

Quatre lieues seulement... l'affaire d'une heure et demie pour être en Belgique... Il paraît que monsieur votre père à des intérêts pressants qui l'appellent dans ce pays-là?

---

* L'hotesse, Louise.

LOUISE, avec embarras.

Oui, des intérêts de famille...

L'HOTESSE.

Ça ne me regarde pas... Je ne suis pas curieuse. (Changeant de ton.) Vous n'avez plus besoin de moi?

LOUISE.

Non, Madame, merci... (L'hotesse sort.)

SCÈNE III.

LOUISE, BRISEMICHE *.

LOUISE, à Brisemiche qui entre à gauche.

Eh bien ! la voiture ?

BRISEMICHE.

On est en train de la réparer. J'y ai mis tous les charrons de l'endroit, malheureusement il n'y en a qu'un, et encore il est boiteux ; il ne marche pas... il faut qu'on le pousse...

LOUISE.

Mon Dieu, que ce retard me contrarie!

BRISEMICHE.

Et moi donc... qui ai toujours peur d'être repincé!.. quand on a tâté des murs noirs et humides de la Bastille!.. Oh! Dieu!.. je n'y suis resté que vingt-quatre heures, et j'en ai rapporté un goût de moisi...

LOUISE.

Pauvre garçon !

BRISEMICHE.

Aussi quand vous m'avez proposé de partir avec vous, le père Pascal et madame la marquise, j'ai sauté de joie à m'en démancher les chevilles!... j'crois que je me serais attelé à la voiture pour fuir plus vite mes ingrates patries... la France et la Suisse !..

LOUISE.

Et comment avez-vous fait pour vous échapper de prison ?

BRISEMICHE.

C'est z'une énigme... et si je ne sais pas comment je suis entré à la Bastille, je ne sais guère mieux comment j'en suis sorti... On m'avait mis dans un cachot très étroit, où j'avais cependant de la société... quelques gros rats qui se promenaient en long et en large... moi qui ne peux pas dormir quand il y a du monde... j'entends au milieu de la nuit que l'on ouvre doucement une porte, et une voix me demande : Est-ce vous?.. Je réponds oui, à tout hasard. En ce cas, venez !.. Je viens... on me jette un manteau sur les épaules... on m'enfonce sur les yeux un chapeau de garde-française, et une espèce de caporal me dit à voix basse : Suis-moi !.. Marche !.. je ne me le fais pas répéter... nous marchons... il ouvre

---

* Brisemiche, Louise.

une petite porte... me pousse dans une longue galerie, et j'arrive dans le fossé qui , heureusement, était presqu'à sec... Je grimpe de l'autre côté, et je me trouve libre sur le boulevart.

LOUISE.

Juste comme mon père.

BRISEMICHE.

A cela près qu'il s'était foulé le pied dans ledit exercice... si bien que j'ai été obligé de le ramener chez madame la marquise... Heureusement qu'une voiture l'attendait là... il en a profité pour s'éloigner... et moi aussi... (*Changéant de ton.*) Comment qu'il va , le cher bourgeois?

LOUISE.

Il commence à souffrir un peu moins.

BRISEMICHE.

Il sera tout-à-fait guéri quand il aura posé le pied de l'autre côté de la frontière... ça lui vaudra tous les cataplasmes... (*Changeant de ton.*) Et il est comme moi : il ne sait pas qui est-ce qui a favorisé son évasion?

LOUISE, *a mi-voix.*

Il suppose que c'est M. le vicomte!

BRISEMICHE.

Ça se pourrait bien... c'est son régiment qui était garde cette nuit-là à la Bastille... J'ai reconnu l'uniforme du caporal... excellent caporal... si jamais je te retrouve, j'arroserai joliment tes sardines !.. je leur ferai une sauce au bourgogne.....

LOUISE.

Dites-moi, pendant que l'on travaille à la voiture, il serait peut-être bien de préparer les malles.

BRISEMICHE.

Vous avez raison, ce sera toujours ça de fait. (*Montrant la malle qui est à gauche.*) Je vais aller chercher de quoi remplir celle-là... Dieu! le beau moment quand j'entendrai claquer à mes oreilles le fouet du postillon !... (*Il sort à droite avec Louise.*)

SCÈNE IV.

LE DUC *suivi de* L'HOTESSE, *ils entrent par le fond*.*

LE DUC, *à l'hôtesse.*

C'est bon, c'est bon... je me contenterai de cette chambre.

L'HOTESSE.

Si vous voulez, je puis déplacer quelqu'un?

LE DUC.

Je ne veux pas...

L'HOTESSE.

Ça n'est pas trop beau, pour monseigneur.

LE DUC.

Tant mieux! (*A part.*) On ne soupçon nerap as

* Le Duc, l'Hôtesse.

qu'un personnage comme moi'... Ça m'aidera à garder l'incognito dont je m'entoure... (*Haut.*) hé! la femme!

L'HOTESSE.

Monseigneur !

LE DUC.

Chut !.. vous me ferez préparer à dîner... ce qu'il y a de plus ordinaire et de meilleur... (*A part.*) je veux dîner incognito... (*Haut.*) hé ! la femme !

L'HOTESSE.

Monseign....

LE DUC, *lui mettant la main sur la bouche.*

Assez !.

(*L'hôtesse sort.*)

SCÈNE V.

LE DUC.

Quelle position !.. me voilà en disgrâce !.. le roi a su qu'un prisonnier s'était échappé de la Bastille, il m'a fait appeler, ce grand roi... je le vois encore, ayant auprès de lui la Dubarry qui ne m'aime pas, et qui riait : « Monsieur, m'a dit sa « majesté, un prisonnier s'est donc échappé la « nuit dernière? — Oui, sire! — Le gouverneur « de la Bastille est un sot. — Oui, sire ! Et vous « aussi... — Oui, sire!.. » Il faut savoir dire la vérité aux rois!.. « — Je vous rends responsable de cette évasion, s'est écriée sa majesté. » C'était un caprice, il n'y avait pas à repliquer ; soudain j'ai fait partir des exempts dans toutes les directions.. moimême en personne, je parcours cette route... Il s'agit maintenant de rattraper les fugitifs... car ils sont deux... il n'y a qu'un moyen : c'est de faire arrêter tous ceux que je rencontrerai... je ne connais que les mesures générales!..

SCÈNE VI.

LE DUC, L'HOTESSE **.

L'HOTESSE.

Tout est prêt, Monseigneur, et quand vous voudrez dîner...

LE DUC, *d'un air mystérieux.*

Chut!.. j'y vais.

L'HOTESSE.

Il y a aussi quelqu'un qui demande à vous parler.

LE DUC.

J'y vais. (*Sortant par le fond.*) Chut!

L'HOTESSE, *à part.*

Dieu! quel original !

* L'Hôtesse, le Duc.
** L'Hôtesse, le Duc.

(Le duc sort par le fond l'hôtesse par la gauche.)

SCÈNE VII.

BRISEMICHE, *rentrant, par la droite, chargé de paquets et s'adressant à la cantonnade.*

Soyez tranquille : je vais serrer tout ça avec précaution... Eh ! allez donc !.. *(Il jette dans la malle, les bonnets, les robes et les objets qu'il a apportés.)* V'là ce que c'est... ça se débrouillera plus tard... J'suis impatient de recontinuer notre route, j'voudrais déja être hors de France... ici les pieds me brûlent,.. j'ai des inquiétudes dans les jambes... *(Regardant par la fenêtre.)* Bien !.. v'là l'ouvrier qui se repose ! *(Élevant la voix par la fenêtre.)* Allons donc, faignant !.. Il ne veut pas que notre voiture puisse rouler, je vais lui en donner une de roulée !.. et une fameuse !.. *(Il se dirige vers la porte du fond.)* Oh !.. qui est-ce qui nous arrive ? comment ?.. Lambert ?.. mon ennemi intime... Celui qui m'avait si bien recommandé !.. et l'autre ?.. celui qui m'avait si bien placé !.. entre quatre murailles !.. ils viennent ici... où fuir ?.. *(Allant à la porte de Pascal.)* Bon ! la porte est fermée, mais, j'suis perdu, s'ils me rencontrent... où me cacher ?.. Je me mettrais dans un trou de souris..... *(Désignant la malle.)* Ah ! *(Il s'y cache vivement et abaisse sur lui le couvercle.)*

SCÈNE VIII.

BRISEMICHE, *caché,* SAINT-REMY, LE DUC [*].

SAINT-REMY.

Oui, monsieur le duc, tous les renseignements me portent à croire que nous sommes sur la trace du fugitif.

BRISEMICHE, *à part, levant le couvercle de la malle.*

C'est après moi qu'ils en ont.

LE DUC.

Ah ça ! mais je vous connais... attendez donc, vous étiez au service du vicomte ? son intendant.

SAINT-REMY.

Par circonstance... Mais j'ai repris le rang et les titres qui m'appartiennent.

BRISEMICHE, *à part.*

As-tu bientôt fini ?

LE DUC.

C'est vous qui avez dénoncé à la justice un grand coupable...

SAINT-REMY.

Qu'il s'agit maintenant de ressaisir.

[*] Le Duc, Saint-Rémy, Brisemiche, *dans la malle.*

LE DUC.

Il ne faut pas qu'il nous échappe.

SAINT-REMY.

Soyez tranquille : il n'échappera pas.

BRISEMICHE, *à part.*

Qu'est ce je leur ai fait pour qu'ils soient si acharnés ?

SAINT-REMY.

Une fois arrêté son affaire ne sera pas longue.

LE DUC.

Il sera pendu tout simplement.

BRISEMICHE, *à part.*

Hein ? pendu !

LE DUC.

Mais comment a-t-il pu jusqu'ici se soustraire aux recherches ?..,

SAINT-REMY.

A l'aide d'un déguisement... en prenant le costume grossier d'un menuisier ?

LE DUC.

En effet...

BRISEMICHE, *à part.*

Qu'est-ce qu'il dit ?... qu'est-ce qu'il dit ?..

SAINT-REMY.

C'est moi qui ai découvert que le prétendu père Pascal n'était autre que le baron de Brévannes.

BRISEMICHE, *avec effroi.*

Qu'est-ce qu'il dit ?

LE DUC.

Un grand coupable qui doit répondre à la société de l'assassinat du comte de Lormes !

BRISEMICHE, *à part.*

Juste ciel !

SAINT-REMY.

Nous allons le replacer sous la main de la justice.

LE DUC.

Ainsi que ses complices, car il doit en avoir.

SAINT-REMY.

Certainement.

BRISEMICHE, *à part.*

Je suis perdu !.. Je m'évanouis. *(Il laisse retomber le couvercle.)*

LE DUC, *tournant la tête.*

Hein ?

SAINT-REMY.

Personne. Je réponds de tout, si vous voulez me charger de l'opération.

LE DUC.

Venez donc,... Je vais vous signer un pouvoir. *(Ils sortent à gauche et André reparaît au fond du théâtre.)*

SCÈNE IX.

BRISEMICHE *caché,* ANDRÉ.

Me voilà suffisamment reposé : je puis maintenant me remettre en route... Il s'agit de régler avec l'hôtesse... oh!.. mon compte sera bientôt fait... (*Frappant sur la malle avec son bâton.*) Ohé!... quelqu'un! ohé!.. (*On entend un gémissement qui sort de la malle.*) Qu'est-ce que j'entends donc? (*Un nouveau gémissement.*) D'où vient ce gémissement? (*Brisemiche se fait entendre de nouveau.*) Je ne me trompe pas. Il faut qu'il y ait là quelqu'un... (*Il lève vivement le couvercle.*) Que vois-je?

BRISEMICHE, *se dressant sur ses genoux, pâle et les cheveux hérissés.*

Ah!

ANDRÉ.

Brisemiche!

BRISEMICHE.

André!

ANDRÉ.

Que faisais-tu là?

BRISEMICHE.

J'étouffais.

ANDRÉ.

Comme te voilà tremblant et pâle!

BRISEMICHE.

Je n'ai plus une goutte de sang dans les veines.

ANDRÉ, *l'aidant à sortir.*

Voyons, calme-toi... Pourquoi cette frayeur?

BRISEMICHE.

Si tu savais ce que je sais!... Apprends, mon ami.... non... je n'aurai jamais le courage de te le dire...

ANDRÉ.

C'est donc bien affreux?

BRISEMICHE.

Terrible!... j'en frissonne de tous mes membres.... Fgure-toi que c'est une complication, un embrouillamini..., un menuisier qui ne l'est pas, un brave homme qui est un gueux, le père Pascal qui se trouve être un baron...

ANDRÉ.

Le père Pascal, dis-tu?

BRISEMICHE.

Oui, oui, le père Pascal, baron de Brévannes... le baron de Brévannes, père Pascal, qu'on va faire pendre, parce qu'il a commis un crime.

ANDRÉ.

Le baron de Brévannes! ce serait...

BRISEMICHE.

Un assassin.

ANDRÉ.

L'assassin de qui?

BRISEMICHE.

Du comte de Lormes!

ANDRÉ.

Le comte de Lormes?

*André, Brisemiche.

BRISEMICHE.

Je te dis que cela fait dresser les cheveux.

ANDRÉ.

Mais tu dois savoir alors...

BRISEMICHE.

Ne me demande plus rien.

ANDRÉ.

Dans l'intérêt de l'innocence...

BRISEMICHE.

Je n'ai pas envie de me compromettre...

ANDRÉ.

Mon ami, je t'en supplie!

BRISEMICHE, *se sauvant.*

Au diable! La frontière est à quatre lieues, j'ai de bonnes jambes.

ANDRÉ.

Ah! tu m'en as trop dit pour que je ne cherche pas à en savoir davantage (*Il le suit*).

SCÈNE X.

SAINT-REMY.

Quel est ce bruit? je ne me trompe pas, c'est Brisemiche qui s'éloigne... Je savais qu'il était du voyage. Quant au baron..... il est là en famille. Je ne l'ai pas dit au duc, parce que je veux rester maître de la position... Il s'agit maintenant de parler à la marquise..... et si elle se montre raisonnable, si elle se soumet à ce que j'exige, nous pourrons entrer en arrangement... je ne tiens pas à faire pendre le baron : il faut que tout le monde vive... C'est elle!

SCÈNE XI.

SAINT-REMY, LA MARQUISE *.

LA MARQUISE, *entrant sans voir Saint-Remy.*

Je suis d'une inquiétude... Ces préparatifs de départ se font avec une lenteur... Et dans mon impatience...

SAINT-REMY.

Soyez tranquille, madame la marquise, je suis là pour tout hâter.

LA MARQUISE.

Que vois-je? Lui... encore lui!

SAINT-REMY.

Cela ne devrait pas vous surprendre... pouvais-je renoncer à vous voir?

LA MARQUISE.

Mais comment avez-vous fait?...

SAINT-REMY.

Rien de plus simple. Je me suis glissé dans une voiture de bagages et vous ai secrètement suivie... Je sais que Pascal est là... Le hasard m'a fait rencontrer le duc de la Vrillère qui est à sa

*Saint-Remy, la Marquise.

poursuite, et qui m'a signé un pouvoir pour arrêter moi-même le baron.

LA MARQUISE.

O ciel ! il est perdu !

SAINT-REMY.

Il est sauvé !.. si vous voulez... Qu'il passe sur-le-champ la frontière : je ferme les yeux...

LA MARQUISE.

Quoi, Monsieur?

SAINT-REMY.

A une condition, c'est que vous resterez. Seul je sais que la comtesse de Lormes est encore vivante : c'est un secret que je garderai à la marquise de Sauveterre. Et dès que je serai devenu, grâce à vous, l'époux de Louise, nous irons rejoindre son père hors de France.

LA MARQUISE.

Que répondre, mon Dieu !

SAINT-REMY.

Ainsi donc, le bonheur pour nous tous... en famille... ou l'échafaud pour le baron de Brévannes... Choisissez !

LA MARQUISE, *à part*.

Ah ! ma tête se perd !.. Qui viendra me protéger ?

SCENE XII.

LES MÊMES, LE VICOMTE *.

LE VICOMTE, *avec précipitation*.

Dieu merci ! j'arrive à temps...

LA MARQUISE.

Arthur !

SAINT-REMY, *à part*.

Le vicomte !

LE VICOMTE, *a la marquise*.

J'ai crevé trois chevaux pour vous réjoindre.

SAINT-REMY.

Il paraît que vous étiez pressé.

LE VICOMTE.

Oui... j'ai à régler un compte avec mon ex-intendant.

SAINT-REMY.

Ah!..

LA MARQUISE.

Mais tu oublies...

LE VICOMTE.

Non, ma tante, je sais très bien à qui j'ai affaire et j'ai pris mes mesures en conséquence... mais j'ai aperçu dans la cour votre berline de voyage : vous avez sans doute des dispositions à terminer... Que ce ne soit pas moi qui vous retienne... allez achever vos préparatifs.

SAINT-REMY.

Madame la marquise ne saurait, en ce moment...

* Saint-Remy, le Vicomte, la Marquise

LE VICOMTE.

Pourquoi donc?.. puisque je l'en prie... Elle n'a pas besoin, je pense, de votre autorisation... Allez, ma bonne tante !.. (*La marquise sort.*)

SCÈNE XIII.

SAINT-REMY, LE VICOMTE *.

SAINT-REMY.

Qui signifie ?...

LE VICOMTE, *allant fermer la porte du fond*.

A nous deux maintenant !

SAINT-REMY, *voulant s'éloigner*.

Pardieu, mais d'autres soins me réclament... (*Il fait quelques pas.*)

LE VICOMTE.

Vous ne sortirez pas !

SAINT-REMY.

De la violence?

LE VICOMTE.

Je résolu d'en finir avec vous.

SAINT-REMY.

Doucement... Je suis maître de votre destinée à tous et je n'ai qu'un mot à dire...

LE VICOMTE.

Vous ne le direz pas.

SAINT-REMY.

Qui m'en empêchera ?

LE VICOMTE.

Moi !

SAINT-REMY.

J'en doute.

LE VICOMTE.

Je veux avoir raison de vos outrages et vous ne sortirez d'ici que pour vous battre avec moi.

SAINT-REMY.

C'est un duel que vous me proposez ?

LE VICOMTE.

Un duel à mort !

SAINT-REMY.

Ceci est plus clair... Dieu merci ! J'ai fait mes preuves et n'ai pas besoin de risquer mes jours parce qu'il plaît à un étourdi de me provoquer.

LE VICOMTE.

Tu refuses l'honneur que je voulais te faire, toi, qui hier encore étais à mon service et à mes gages.

SAINT-REMY, *redressant la tête*.

Aujourd'hui je suis gentilhomme !

LE VICOMTE, *avec dedain*.

Non, tu n'es qu'un infâme et un lâche.

SAINT-REMY.

Monsieur le vicomte !

LE VICOMTE.

Vainement tu te dis chevalier, puisque sous ce titre usurpé je ne retrouve que la bassesse de cœur d'un valet... il me suffira de ce fouet pour t'imprimer sur le visage la marque de mon mépris !

* Le Vicomte, Saint-Remy.

SAINT-REMY, *éclatant.*

C'en est trop !

LE VICOMTE.

Allons donc !

SAINT-REMY.

Vous paierez cette insulte de votre vie !

LE VICOMTE.

On a bien de la peine à te donner du courage !

PASCAL, *en dehors.*

Laissez-moi, vous dis-je.

SCENE XIV.

LES MÊMES, PASCAL, *puis* LA MARQUISE et LOUISE*.

LE VICOMTE.

Le baron de Brévannes !

PASCAL.

Oui, le baron de Bérvannes, qui ne souffrira que vous déshonoriez votre épée contre celle de ce misérable !

SAINT-REMY.

Baron !... prenez garde !

PASCAL.

Je suis las de me cacher et ne disputerai pas plus longtemps au bourreau une vie qui fait ici le malheur de tous.

LOUISE.

Mon père !

LA MARQUISE.

De grâce !...

LE VICOMTE, *à Pascal.*

Que faites-vous ?

PASCAL.

Mon devoir !

SAINT-REMY, *à part.*

Puisqu'il le veut absolument...

SCENE XV ET DERNIÈRE.

LES MÊMES, LE DUC, ANDRÉ.

LE DUC, *à André, dans le fond du théâtre.*

Non, Monsieur, je n'ai pas le temps de vous écouter...

ANDRÉ.

Vous ne pouvez me repousser ainsi.

LE DUC, *avec impatience.*

Laissez-moi, vous dis-je ! (*Il descend le théâtre.*)

TOUS.

Monsieur le duc !

SAINT-REMY, *à part.*

Il arrive à propos. (*Haut.*) Monseigneur, je

*Le Vicomte, Louise, Pascal, la Marquise, Saint-Remy.

* Le Vicomte, Louise, Pascal, la Marquise, André, le Duc, Saint-Remy.

tiens ma promesse et puis remettre entre vos mains le prisonnier qui s'était évadé, celui que le parlement a condamné comme meurtrier du comte de Lormes, le baron de Brévannes.

ANDRÉ. *s'avançant et avec éclat.*

Le baron n'est point coupable !

SAINT-REMY.

Hein !

TOUS.

Que dit-il ?

PASCAL ET LOUISE.

André !..

ANDRÉ.

Je le jure devant Dieu qui nous écoute et sur le salut de mon âme !.. puisse la conviction qui m'anime pénétrer vos âmes et venir en aide à la justice...

SAINT-REMY, *avec ironie.*

On lui en fera part... vous voyez bien, monsieur le duc, que ce jeune homme est en délire.... je crois que vous pouvez vous dispenser...

LA MARQUISE, *au duc.*

Je demande qu'il soit entendu...

LE DUC.

Soit, madame la marquise, puisque vous le désirez... (*A André.*) nous vous écoutons...

SAINT-REMY.

Voyons le roman qu'il va nous faire...

ANDRÉ.

Il y a dix-sept ans, deux jeunes seigneurs, qui avaient passé toute la nuit à jouer à la suite d'une orgie, arrivaient au point du jour dans un des chemins qui traversent la forêt du prieuré.. allourdis par les fumées du vin, ils se disputaient en marchant, et celui qui avait perdu, reprochait à l'autre de l'avoir friponné... une querelle s'ensuivit... et le plus jeune, tirant tout-à-coup un poignard caché sous ses vêtements, frappa traîtreusement le comte de Lormes, qui tomba en s'écriant : Eh ! quoi, mon ami, c'est toi qui m'assassines !

LA MARQUISE, *à part, observant le trouble de Saint-Remy.*

Grand Dieu !

SAINT-REMY, *avec contrainte.*

Tout cela me paraît d'une invention assez vulgaire...

LE VICOMTE.

Monsieur !...

LE DUC.

D'ailleurs ce meurtre n'eut pas de témoins...

ANDRÉ.

Si, monsieur le duc... un paysan avait passé une partie de la nuit dans la forêt pour y tendre des lacets...

LE DUC.

Pour braconner ?

ANDRÉ.

Le pauvre homme était excusable... dévoré par

la fièvre, se soutenant à peine, incapab e de travailler, il ne pouvait se résoudre à voir mourir son jeune fils qui, depuis la veille, lui demandait du pain...

LA MARQUISE, *observant toujours le trouble de Saint-Remy.*

Continuez !

ANDRÉ.

Il avait été, malgré lui, témoin du crime. Il apparut tout-à-coup aux regards du meurtrier qui, furieux, la menace à la bouche, une arme dans une main, une bourse dans l'autre, lui offrit d'acheter son silence... Le malheureux eût refusé quel que fut pour lui le péril... mais il songea à son fils... il accepta... Il rentra dans sa chaumière avec du pain... mais aussi avec le remords qui ne devait plus l'abandonner...

PASCAL.

Infortuné !

ANDRÉ.

Bientôt les portes du tombeau s'ouvrirent pour lui... mais avant d'y descendre il appela son enfant, bien jeune encore... « Mon ami, lui dit-il, « je vais paraître devant Dieu, bien coupable, car « j'ai laissé condamner un innocent... ne maudis « pas ma mémoire... Quand tu seras grand, tâche « d'expier mes torts... et, si l'occasion s'en pré- « sente, justifie à haute voix le baron de Brévan- « nes. »

TOUS.

Eh bien ?

ANDRÉ.

Ce vieillard mourant... c'était mon père... cet enfant, c'était moi... J'ai accepté la mission qui m'était donnée... et quant au meurtrier...

PASCAL ET LE VICOMTE.

Vous le connaissez ?

ANDRÉ.

C'était le chevalier de Saint-Remy !

TOUS.

Lui !

SAINT-REMY.

De pareilles accusations ne peuvent m'atteindre... Je les démens !...

ANDRÉ, *tirant un papier de sa veste.*

Démentirez-vous aussi cet écrit ?

SAINT-REMY.

Quoi ?

ANDRÉ.

Un ordre de payer au porteur mille pistoles..... c'était le prix du silence... On n'a pas voulu le toucher.... voyez, monsieur le duc... et c'est signé le chevalier Saint-Remy.

LE DUC.

En effet !

SAINT-REMY, *à part.*

Malédiction !

ANDRÉ.

Et daté de la nuit même du meurtre.

LE VICOMTE.

Eh bien !... nierez-vous encore ?

SAINT-REMY.

Ma foi, non... c'est une partie perdue... et maintenant, je ne serai point assez lâche...

LE DUC.

Désolé ! chevalier... mais le devoir...

SAINT-REMY.

Comment donc, monsieur le duc, je suis à votre disposition.

LE DUC, *il remonte la scène pour faire signe à des exempts d'approcher. Désignant une lettre de cachet).*

Au moins, en voilà une de bien placée.

REMY, *reprenant son air dégagé.*

Sans rancune, baron ! (*S'approchant de la marquise*). Je crois que l'on apprendra bientôt le mariage de madame la marquise avec certain menuisier... Ça fera peut-être crier..... mais laissez dire, ça régularisera bien des petites choses... (*Aux exempts*). A vos ordres, Messieurs..... (*Il sort avec les exempts*).

PASCAL, *donnant la main à André.*

André, je te dois plus que la vie, tu m'as rendu l'honneur.

Le rideau baisse.

S'adresser, pour la musique, à M. BEANCOURT, chef d'orchestre du Théâtre de la Gaîté.

FIN.

www.ingramcontent.com/pod-product-compliance
Ingram Content Group UK Ltd.
Pitfield, Milton Keynes, MK11 3LW, UK
UKHW020045100726
13658UKWH00004B/1546